Bibliografische Information der Deutschen Nationalbibliothek:

Die Deutsche Bibliothek verzeichnet diese Publikation in der Deutschen National-
bibliografie; detaillierte bibliografische Daten sind im Internet über http://dnb.d-
nb.de/ abrufbar.

Impressum:

Copyright © 2013 GRIN Verlag, Open Publishing GmbH
Druck und Bindung: Books on Demand GmbH, Norderstedt Germany
ISBN: 978-3-668-03011-4

Dieses Buch bei GRIN:

http://www.grin.com/de/e-book/304611/identitaetsmanagementsysteme-scholarly-
identity-management-systeme-fuer

Florian Stühler

Identitätsmanagementsysteme (Scholarly Identity Management Systeme) für Wissenschaftler

Analyse, Gemeinsamkeiten und Unterschiede

GRIN Verlag

GRIN - Your knowledge has value

Der GRIN Verlag publiziert seit 1998 wissenschaftliche Arbeiten von Studenten, Hochschullehrern und anderen Akademikern als eBook und gedrucktes Buch. Die Verlagswebsite www.grin.com ist die ideale Plattform zur Veröffentlichung von Hausarbeiten, Abschlussarbeiten, wissenschaftlichen Aufsätzen, Dissertationen und Fachbüchern.

Besuchen Sie uns im Internet:

http://www.grin.com/

http://www.facebook.com/grincom

http://www.twitter.com/grin_com

Scholarly Identity Management Systeme:
Analyse, Gemeinsamkeiten und Unterschiede

Masterarbeit

Lehrstuhl für Medieninformatik

Christian-Albrechts-Universität zu Kiel

von

Florian Stühler

Studienrichtung: Wirtschaftsinformatik

Inhaltsverzeichnis

Abbildungsverzeichnis

Tabellenverzeichnis

Abkürzungsverzeichnis

ACIS	Academic Contributor Information System
BNF	Bibliotheque Nationale de France
CNI	Coalition for Networked Information
f	folgende
ff	fortfolgende
GND	Gemeinsame Normdatei
IDM	Identitätsmanagement
IDs	Identitäten
ISO	International Organization for Standardization
ITU	International Telecom Union
MPRA	Munich Personal RePEc Archive
NEP	New Economic Papers
o.J.	ohne Jahr
OCLC	Online Computer Library Center
o.O.	ohne Ort
ORCID	Open Researcher and Contributor ID
o.S.	ohne Seite
RAS	RePEc Author Service
REDIF	Resource Description Information Format
RePEc	Research Papers in Economics
SSO	Single Sign On
VIAF	Virtual International Authority File
ZDB	Zeitschriftendatenbank

1 Einleitung

1.1 Problemstellung und Zielsetzung

Die Informatik hat die Gesellschaft durch die Entwicklung des Internets, die als eine der wichtigsten technologischen Entwicklungen der letzten Jahrzehnte betrachtet werden kann, erheblich verändert. Ausschlaggebend für den Erfolg und die schnelle Verbreitung des Internets war dabei in erster Linie das World Wide Web (WWW). Das World Wide Web ist ursprünglich entstanden, um einen Informationsaustausch zwischen verteilt arbeitenden Forschern zur verbessern und zu erleichtern. Dazu wurden verteilt vorliegende Informationen zu einem Ganzen (Hypertext) verknüpft. Durch diese grundlegende Idee erfolgte die substanzielle Prägung der Informationsgewinnung in der heutigen Informationsgesellschaft. Durch das Internet ist es einfacher als jemals zuvor, schnell und problemlos neueste Informationen zu erhalten.[1] Das hat dazu geführt, dass viele Menschen diverse Aspekte ihres Lebens zum Teil in die virtuellen und vernetzten Welten des Internets verlagern.[2] *„In Netzwelten wird gekauft und verkauft, ein großes Spektrum an Themen diskutiert, Wissen mit anderen geteilt und erworben, miteinander gespielt und vieles mehr. Das gilt sowohl für berufliche als auch private Belange."*[3] Auch für Forscher spielen die Möglichkeiten des World Wide Web heute eine immer größere Rolle. So verwenden Forscher, wie andere Internetnutzer auch, soziale Netzwerke, wie Facebook oder LinkedIn, um beispielsweise Kooperationspartner zu finden, sich und ihre Forschung zu präsentieren oder mit anderen Forschern zusammenzuarbeiten.[4] Für Recherchen müssen keine Bibliotheken mehr aufgesucht werden, stattdessen können wissenschaftliche Suchmaschinen im Internet genutzt werden.[5]

Mittlerweile existieren diverse, direkt an Forscher gerichtete Netzwerke, wie ResearchGate oder Academia. Das Spektrum derartiger Services umfasst sowohl kommerzielle als auch öffentlich geförderte Plattformen. Derartige Angebote bieten neue, innovative Ansätze für das Betreiben von Forschung. Sie ermöglichen es Forschern, institutionelle, geografische, kulturelle und disziplinäre Grenzen zu überwinden.[6] Unabhängig davon, welchen Dienst oder welches Netzwerk Forscher nutzen wollen,

---

[1] Vgl. Höllrigl, 2010, S. 2.
[2] Vgl. Steinbrecher/Pfitzmann/Clauß, 2010, S. 245.
[3] Steinbrecher/Pfitzmann/Clauß, 2010, S. 245.
[4] Vgl. Renken/Bullinger, 2011, S. 495f.
[5] Vgl. Vogel, 2010, S.6.
[6] Vgl. Renken/Bullinger, 2011, S. 495f.

müssen sie allerdings zunächst eine digitale Identität (auch Account) anlegen.[7] Dafür ist eine spezielle Art von Informationen erforderlich, im Mittelpunkt stehen sogenannte identitätsbezogene Informationen. Identitätsbezogene Informationen werden, wenn sie sich auf die Beschreibung einer realen Person beziehen, auch als personenbezogene Informationen (englisch Personally Identifiable Information) bezeichnet. Sie spielen in der Informations- und Kommunikationstechnologie u.a. bedingt durch ihre exponentiell steigende Menge und Vielfalt und aufgrund der Notwendigkeit ihrer Bereitstellung, Speicherung und Verwendung in sozialen Netzwerken und anderen Diensten eine wichtige Rolle.[8] Durch das Anlegen eines Accounts werden die jeweiligen Dienste personalisiert. Dadurch ergibt sich für die Nutzer die Herausforderung, dass sie, wenn sie mehrere Angebote und Dienste nutzen, zahlreiche digitale Identitäten mit verschiedenen Benutzernamen und Passwörtern verwalten müssen, da die unterschiedlichen Richtlinien der einzelnen Systeme die Nutzung der immer gleichen Kombination von Benutzername und Passwort nicht erlauben und zudem ein Sicherheitsrisiko darstellen würden.[9] Vor diesem Hintergrund sind sogenannte Identitätsmanagementsysteme eine mögliche Lösung. Allerdings lässt sich bei näherer Betrachtung dieser Thematik feststellen, dass sich das Themenfeld derzeit noch unklar und diffus darstellt, sodass hier Forschungsbedarf gesehen werden kann. So stellen beispielsweise Dietz/Göcks eine optimierungsfähige Qualität der bestehenden Services fest.[10]

Die Verwendung von Netzwerken im Hochschul- und Forschungsbereich und insbesondere der Umgang mit identitätsbezogenen Informationen in derartigen Netzwerken, Diensten und Systemen steht entsprechend der dargestellten Problemstellung im Mittelpunkt dieser Arbeit. Der Fokus richtet sich dabei nicht allgemein auf Systeme an Hochschulen, sondern konzentriert sich ausschließlich auf Systeme der Forscher bzw. Wissenschaftler. Insbesondere die Möglichkeit für Forscher, in eigens dafür geschaffenen Netzwerken, Profile anzulegen, steht im Mittelpunkt des Interesses. In diesem Zusammenhang wird auch von Scholarly Identity Management gesprochen. Dieses soll im Folgenden näher untersucht werden.

Zielsetzung der Arbeit ist vor dem geschilderten Hintergrund, neben einer grundsätzlichen allgemeinen Darstellung von Ansätzen des Identitätsmanagements (für For-

---

[7] Vgl. Vogel, 2010, S. 6.
[8] Vgl. Höllrigl, 2010, S. 2f.
[9] Vgl. Vogel, 2010, S. 6.
[10] Vgl. Dietz/Göcks, 2008, S. 577.

scher) insbesondere die Analyse des Status quo im Hinblick auf die derzeit existierenden Profilangebote für Forscher bzw. Wissenschaftler und aufbauend darauf die Entwicklung von Empfehlungen zur Gestaltung und Verbesserung der vorhandenen Angebote.

Diese Zielsetzung wird durch die Erstellung eines Kriterienkatalogs zur Bewertung bestehender Profilangebote und die Untersuchung dieser Profilangebote anhand der definierten Kriterien verfolgt. Aufbauend auf den Analyseergebnissen sollen dann Schlussfolgerungen abgeleitet und Vorschläge und Empfehlungen entwickelt werden.

1.2 Abgrenzung der Arbeit

Die Arbeit konzentriert sich ausschließlich auf Systeme, die ein Identitätsmanagement für Forscher bzw. Wissenschaftler bieten. Es wird damit bewusst auf die Betrachtung solcher Systeme verzichtet, die sich an einem breiteren Nutzerkreis orientieren. Das heißt, Systeme, die sich an die Allgemeinheit richten, wie LinkedIn oder Google Profiles, die durchaus aber auch von Forschern nutzbar sind, werden nicht betrachtet. Des Weiteren sollen Identitätsmanagementsysteme, die für einzelne Hochschulen und ihre Mitglieder entwickelt wurden, ebenfalls aus der Betrachtung ausgeklammert werden, da diese in der Regel nur auf eine einzelne Hochschule bezogen sind und nicht nur Forscher, sondern auch Studenten und weitere Personen, wie Mitarbeiter der Verwaltung etc. berücksichtigen.

Betrachtet werden insbesondere zwei Arten von Identitätsmanagementsystemen für Forscher. Zum einen sind dies Systeme, bei denen Forscher ihre Profile im Internet angebotenen Systemen selbst pflegen (z. B. Research Gate oder RePEc Author Service). Zum anderen werden Bibliothekssysteme, wie VIAF oder GND in die Betrachtung einbezogen.

1.3 Vorgehensweise und Aufbau der Arbeit

Um die eingangs formulierte Zielsetzung zu erreichen, sind drei Arbeitsphasen erforderlich:

1. Deskriptive Phase
2. Analysephase
3. Synthesephase

Im Rahmen der **ersten Phase** geht es zunächst um eine umfassende Analyse von Literaturquellen und anderen Quellen zum Thema Scholarly Identity Management. Diese Phase hat das Ziel, die für das Thema relevanten theoretischen Grundlagen zu ermitteln und darzustellen. Dazu zählt neben der Definition von Begriffen auch die Darstellung wesentlicher Grundlagen, wie u.a. die Abgrenzung, wer als Forscher gilt und wer nicht und welche Ansätze des Identitätsmanagements und verwandter Themen von Bedeutung sind.

In der **zweiten Phase,** die den Schwerpunkt der Arbeit bildet, werden auf Basis der ermittelten Grundlagen Kriterien formuliert, anhand derer ausgewählte Ansätze eines Scholarly Identity Managements analysiert werden können. Zu Bewertung wird sowohl auf Ansätze, die sich auf eine bestimmte Disziplin konzentrieren (z. B. IDEAS) als auch Ansätze, die Disziplin übergreifend sind (z. B. VIAF, ORCID) zurückgegriffen. Aus der Bewertung werden Schlussfolgerungen, beispielsweise in Bezug auf Verbesserungspotenziale, Problemfelder etc. abgeleitet.

Auf Basis der Analyseergebnisse lassen sich in **Phase drei** Gestaltungsempfehlungen für die Zukunft ableiten. Für die Entwicklung solcher Empfehlungen werden die gewonnenen Erkenntnisse aus der kriteriengeleiteten Bewertung genutzt.

Der Aufbau der Arbeit folgt der beschriebenen Vorgehensweise. Im Anschluss an die Darstellung der Problemstellung und Zielsetzung der Arbeit in **Kapitel eins** umfasst das **zweite Kapitel** die theoretischen Grundlagen und stellt damit die Ergebnisse der ersten Arbeitsphase dar. Das **Kapitel drei** spiegelt die zweite Arbeitsphase, es beschreibt die kriteriengeleitete Analyse der Profildatenbanken. Im **vierten Kapitel** spiegelt sich schließlich die Synthesephase. Hier werden die Ergebnisse der beiden ersten Arbeitsphasen in Form von Gestaltungsempfehlungen zusammengeführt.

2 Theoretische Grundlagen

Um eine Basis für die weiteren Ausführungen zu schaffen, sollen in diesem Kapitel zunächst relevante Begriffe und Grundlagen im Überblick dargestellt werden. Ziel dieses Kapitels ist es, deutlich zu machen, um was es beim Scholarly Identity Management überhaupt geht und wie Identitätsmanagement grundsätzlich funktioniert.

2.1 Soziale Netzwerke

Bei sozialen Netzwerken im Internet (auch Social Networks) handelt es sich um beziehungsorientierte soziale Medien. Bekannte Beispiele sind Xing oder StudiVZ.[11]

Mithilfe sozialer Netzwerke können sich Gleichgesinnte organisieren, ihre Ansichten und Erfahrungen austauschen oder gegenüber Dritten gemeinsam auftreten. *„Networking is the process of building relationships within and between groups."*[12]

Der Begriff „Soziales Netzwerk" bezeichnet eine Struktur, die aus Knoten besteht. Diese Knoten sind durch Kommunikation und Interaktion miteinander verbunden. In der Regel sind die Knoten Personen oder Organisationen.[13]

Im Internet erfolgen Kommunikation und Interaktion in sozialen Netzwerken weltweit, zeit- und ortsunabhängig und teilweise anonym. Die Grundlage dafür bildet Community Software.[14] Community-Software ist eine browserbasierte Software im Internet. Diese Software bildet Schnittstellen eines realen Netzwerks elektronisch ab und macht eine strukturierte und systematische Abbildung von Kontakten möglich. Vielfach verfügt eine derartige Software über Zusatzfunktionen, wie Fotoalben, Pinnwände und Profile.[15]

Die Ausgestaltung, die Ausprägungen und die Zielsetzungen sozialer Netzwerke sind in der Regel sehr verschieden. Sie können sich an Berufsbildern, an Lebenssituationen, emotionalen Faktoren oder geografischen Gegebenheiten orientieren.[16]

Eine wesentliche Basis sozialer Netzwerke sind Benutzerprofile,[17] die von den Benutzern selbst angelegt und ausgestaltet werden. Ein Benutzerprofil kann unterschiedliche Aspekte umfassen. So kann es z. B. den Lebenslauf, Interessens- und Fachgebiete, Kontaktdaten und Fotos einer Person beinhalten. Daten aus dem Benutzerprofil können für andere zugänglich gemacht werden. Ein Benutzer kann des Weiteren angeben, mit welchen anderen Benutzern er bekannt ist. Dies kann z. B. geschehen, indem Kontaktdaten dieser anderen Benutzer oder sinnvolle Metainfor-

---

[11] Vgl. Stanoevska-Slabeva, 2008, S. 17.
[12] Furnham,1997, S. 541.
[13] Vgl. Hettler, 2010, S. 54.
[14] Vgl. Bitkom, 2009, S. 18.
[15] Vgl. Bernauer/Hesse/Laick/Schmitz, 2011, S.50.
[16] Vgl. Bitkom 2009, S. 18; Bernauer/Hesse/Laick,/Schmitz, 2011, S.50.
[17] Vgl. Hettler, 2010, S. 57.

mationen angegeben werden. Jeder Benutzer kann entscheiden, welche Daten er zur Verfügung stellt und wer diese Daten sehen darf.[18]

Social Networking Software bietet diverse Funktionen. Beispielsweise kann innerhalb eines Netzwerks die Tagging-Technik[19] eingesetzt werden. Mittels Tagging können Nutzer Metadaten in Form von Schlüsselwörtern zu gemeinsamen Inhalten hinzufügen. Dabei werden bereits vorhandene Inhalte mit Schlüsselwörtern angereichert. Diese Schlüsselwörter beschreiben und klassifizieren den jeweiligen Inhalt. Mit dieser Technik kann der Nutzer durch sogenanntes „Tag-Suchen" beispielsweise die richtigen Ansprechpartner für Fragen finden. Ein anderes Beispiel für eine Funktion von Social Networking Software ist „Kontakte meiner Kontakte". Mithilfe dieser Funktion kann ein Nutzer Personen identifizieren, die zwar nicht in direkter Beziehung zu ihm selbst stehen aber eine Verbindung zu seinen Kontakten haben. Weitere Funktionen, die durch Social Networking Software geboten werden, sind u.a. aktiver Wissensaustausch in Foren, Verwaltung bestehender Kontakte und Export der Kontakte in andere Dienste.[20]

Es kann differenziert werden zwischen offenen und geschlossenen Social Network Plattformen. Offene Plattformen sind öffentliche, im Internet zugängliche Plattformen (z. B. Facebook, Xing oder LinkedIn). Geschlossene Plattformen kommen hingegen im Intranet einer Organisation zum Einsatz, sie sind nicht öffentlich.[21]

Vor diesem Hintergrund wird deutlich, dass Aktivitäten in (sozialen) Netzwerken auch für Forscher von erheblicher Bedeutung sein können, wenn sie beispielsweise sich selbst oder ihre Forschungsergebnisse präsentieren wollen, auf Ergebnisse anderer Forscher zugreifen wollen oder Partner für eine Zusammenarbeit suchen.

2.2 Abgrenzung des Forscher- bzw. Wissenschaftlerbegriffs

Bei der Beschäftigung mit dem Themenfeld eines Identitätsmanagements für Forscher bzw. Wissenschaftler und Wissenschaft ist es zunächst erforderlich, genauer zu betrachten, wer eigentlich als Wissenschaftler oder Forscher bezeichnet werden kann und wer nicht und was Wissenschaft ist. Diese Frage ist insbesondere auch deshalb von wesentlicher Bedeutung, weil sie letztlich damit im Zusammenhang

---

[18] Vgl. Koch/Richter, 2007, S. 54f.
[19] Vgl. Golder/Hubermann, 2006, S. 198f.
[20] Vgl. Koch/Richter, 2007, S. 54f.
[21] Vgl. Koch/Richter 2007, S. 60.

steht, welche Personen und/oder Institutionen überhaupt Zugang zu einem „Scholarly Identity Management-System" haben sollten.

Interessanterweise sind die Begriffe Wissenschaftler und Forscher in der Literatur recht wenig definiert worden. Aus diesem Grund wird an dieser Stelle zunächst aufgeführt, um was es sich bei Wissenschaft handelt.

„Wissenschaft ist jenes menschliche Handeln, das auf die Herstellung solcher Aussagen abzielt, die jenen Aussagen in empirischem und logischem Wahrheitsgehalt überlegen sind, welche schon mittels der Fähigkeiten des gesunden Menschenverstandes („Common-sense-Kompetenzen") formuliert werden können."[22]

Eine andere Definition beschreibt Wissenschaft wie folgt: *„Wissenschaft ist die Untersuchung von Fakten im Hinblick auf deren Beschreibung, Erklärung und Prognose (= Ziele) mit den Mitteln der wissenschaftlichen Methode (=Mittel)."*[23]

Brodbeck sieht Wissenschaft hingegen als intersubjektive überprüfbare Untersuchung von Tatbeständen sowie die darauf basierende systematische Beschreibung und Erklärung der untersuchten Tatbestände. Wissenschaft beinhaltet drei Bestandteile: (1) Theorie (Beschreibungen, Modelle, Erklärungen), (2) Empirie (Tatsachen, Beobachtungen) und (3) Kommunikation (intersubjektive Überprüfung).[24]

Entsprechend dieser Wissenschaftsdefinitionen können Wissenschaftler bzw. Forscher grob als solche Personen bezeichnet werden, die sich mit Wissenschaft und Forschung befassen. Allerdings reicht dieses Verständnis nicht aus, um letztlich anhand von Forscher- bzw. Wissenschaftlermerkmalen beispielsweise Berechtigungen für den Zugang zu Profildatenbanken ableiten zu können. Aus diesem Grund sollen an dieser Stelle zusätzlich Merkmale aufgeführt werden, die Wissenschaftler und Forscher kennzeichnen und sie von anderen Personen abgrenzen.

Walach geht davon aus, dass Wissenschaftler sich dadurch auszeichnen, dass sie über Innovationspotenzial verfügen. Das heißt, sie wenden nicht nur herrschendes Wissen an und vermitteln es, sondern sie bringen auch neue Aspekte ein. Wissenschaftler sind kreativ. Zudem sind sie in den laufenden Wissenschaftsbetrieb integriert, indem sie Vorträge halten, zu Kongressen, Symposien und anderen Veranstal-

---

[22] Patzelt, 1997, S. 49.
[23] Obrecht, 2007, S. 3.
[24] Vgl. Brodbeck, 1998, S. 4.

tungen eingeladen werden, eine Gutachtertätigkeit ausüben und Bücher und Artikel veröffentlichen.[25] Im Hinblick auf die Merkmale Innovativität und Kreativität ist allerdings anzunehmen, dass sie vermutlich als wesentliche Kriterien für den Zugang zu einem System im Internet wenig geeignet sind, da sie kaum sinnvoll abbildbar und belegbar sind.

Gemäß Duden-Definition kann noch das Merkmal der abgeschlossenen Hochschulbildung für einen Wissenschaftler genannt werden.[26]

Ohne, dass sich dafür Belege in wissenschaftlicher Literatur finden, lassen sich weitere mögliche Merkmale eines Wissenschaftlers ableiten. So wäre beispielsweise die Zugehörigkeit zu einer wissenschaftlichen Organisation, wie einer Fachhochschule oder Universität oder zu einer sonstigen Forschungseinrichtung (öffentlich oder privat) ein mögliches weiteres Merkmal. Wobei hier allerdings die Zugehörigkeit genauer zu definieren wäre, da ja durchaus auch Studenten oder Verwaltungspersonal Angehörige von Hochschulen und Universitäten sind. Ggf. ließe sich der Status Forscher oder Wissenschaftler auch daraus ableiten, dass eine Person Mitglied in einem Verband oder einer Organisation ist, in der bzw. dem sich Gleichgesinnte zusammengeschlossen haben (Verband der Hochschullehrer, Forschungsvereinigungen o.ä.).

Des Weiteren ist im Hinblick auf Merkmale von Forschern zu erwähnen, dass Forscher andere Motive für die Nutzung sozialer Netzwerke aufweisen als die Allgemeinheit. Wie bereits einleitend kurz angedeutet, geht es Forschern eher darum, ihre Forschungsergebnisse zu veröffentlichen, Kooperationspartner zu finden und mit ihnen zusammenzuarbeiten, im eigenen Forschungsgebiet zu recherchieren oder sich als Forscher zu präsentieren (vgl. dazu ausführlicher auch Kapitel 2.3.2).[27] Das heißt, im Gegensatz zur Nutzung sozialer Netzwerke, wie Facebook durch „die Allgemeinheit", bei der in erster Linie private Aspekte, wie die Kommunikation mit Freunden und Bekannten und die Selbstpräsentation der eigenen Person im Mittelpunkt stehen,[28] sind die Motive von Forschern etwas anders gelagert. Sie sind mehr berufsbedingt und auf ein Forschungsgebiet bezogen. In erster Linie geht es ihnen

---

[25] Vgl. Walach, 2009, S. 55f.
[26] Vgl. Duden online, 2013, o.S.
[27] Vgl. Baier, 2005, S. 22; Renken/Bullinger, 2011, S. 495f; Vogel, 2010, S. 6.
[28] Vgl. die Studie von Prommer/Brücks/Mehnert/Neumann/Räder/Roßland, 2009.

demnach darum, ihre Forschungsarbeit voranzubringen und an ihrer Reputation als Forscher zu arbeiten.

2.3 Scholarly Identity Management

2.3.1 Begriff

Eine Definition des Begriffs Scholarly Identity Management ist in der Literatur nicht identifizierbar. Aus diesem Grund erfolgt in diesem Kapitel eine Annäherung an den Begriff über die Betrachtung der einzelnen Begriffsbestandteile.

Scholarly, wie in Kapitel 2.2 dargelegt, wird im Rahmen dieser Arbeit mit Wissenschaftler bzw. Forscher und/oder Wissenschaft übersetzt. Die im Kapitel 2.2 dazu beschriebenen Merkmale werden dementsprechend an dieser Stelle herangezogen.

Im Hinblick auf den Begriff des Identity Management soll zunächst kurz auf den Begriffsteil der **Identität** etwas näher eingegangen werden. Der größte Teil der Definitionen findet sich in soziologischen Quellen. Zwar stehen soziologische Überlegungen nicht im Fokus dieser Arbeit, sie liefern aber in Anlehnung an Tsolkas/Schmidt einige wesentliche Aspekte, die für ein Identitätsmanagement von Bedeutung sind und werden deshalb hier aufgegriffen. Es lässt sich feststellen, dass eine Identität eine spezifische Kombination von Eigenschaften verkörpert. Diese Rollen und Eigenschaften legen fest, wie eine Identität agiert und interagiert. Das heißt, die Rollen und Eigenschaften bestimmen beispielsweise, welche Informationen mit anderen Identitäten ausgetauscht werden. Des Weiteren können Gruppen von Identitäten gebildet werden. Diese Gruppen verfügen jeweils über die gleichen Eigenschaften. Dadurch, dass Personen Rollen übernehmen, können sie mehrere Identitäten besitzen.[29]

Identitäten finden sich auch im digitalen Leben wieder. Insbesondere in sozialen Netzwerken können nur bestimmte Teile einer Person abgebildet werden. In diesem Zusammenhang wird auch von Kanalreduktion gesprochen. Dennoch kommen wesentliche Eigenschaften von Personen in einer digitalen Umgebung zur Anwendung. Es werden digitale Teilidentitäten verwendet, die zwar nicht mit den Teilidentitäten der realen Welt gleichsetzbar sind, durchaus aber mit ihnen vergleichbar sind. Die Unterschiede ergeben sich in erster Linie in der einfachen informationstechnologischen Bearbeitungsmöglichkeit der digitalen Teilidentitäten: Diese einfache Bearbeitungsmöglichkeit steht im Gegensatz zu ihren realen Analogen. Dieser Unterschied

---

[29] Vgl. Tsolkas/Schmidt, 2010, S. 22.

wirkt auf den Einsatz der Attribute und auf die Möglichkeiten zum Schutz der Weiter-
verarbeitung und der Verbreitung.[30]

„Management" kann wörtlich mit „Verwaltung" übersetzt werden. Dementsprechend
könnte der Begriff des Identitätsmanagements grob als Verwaltung von Identitäten
bezeichnet werden.[31] Der Terminus **„Identitätsmanagement"** wird in der Literatur
bislang nicht eindeutig und einheitlich definiert. Allerdings gibt es erste Ansätze der
Entwicklung einer standardisierten Definition, die in erster Linie durch Normierungs-
initiativen wie der ISO (International Organization for Standardization) oder der ITU
(International Telecom Union) vorangetrieben werden.[32] Die ITU definiert Identitätsmanagement beispielsweise wie folgt:

*Identity management (IdM) is the process of secure management of identity infor-
mation (e.g., credentials, identifiers, attributes, and reputations)."*[33] Da diese Definition sehr stark Sicherheitsaspekte in den Vordergrund stellt, soll nachfolgend eine umfassendere Definition zugrunde gelegt werden, die auch die Komplexität des Identitätsmanagements berücksichtigt.

*„Identitymanagement is the set of processes, tools and social contracts surrounding
the creation, maintenance and termination of a digital Identity for people or, more
generally, for systems and services to enable secure access to an expanding set of
systems and applications."*[34]

Letztlich kann **Scholarly Identity Management** vor diesem Hintergrund als Verwaltung und Pflege und aller damit zusammenhängenden Aufgaben von Identitäten von
Forschern bzw. Wissenschaftlern in der digitalen Welt verstanden werden.

2.3.2 Gründe für ein Scholarly Identy Management

*„Das Verwalten, Pflegen, Auswählen und Übertragen digitaler Identitätsdaten ist nur
selten ein Selbstzweck. Es erfolgt meistens in einem Kontext, der diese Aktivitäten
erfordert, oder in dem die Aktivität einen Vorteil bringt."*[35]

---

[30] Vgl. Baier, 2005, S. 49f.
[31] Vgl. Baier, 2005, S. 50.
[32] Vgl. Höllrigl, 2010, S.
[33] Vgl. ITU, 2013, o.S.
[34] Vgl. Pato/Rouault, 2007, zitiert nach Höllrigl, 2010, S. 23.
[35] Baier, 2005, S. 21.

So sind mit der Nutzung von Identitätsmanagementsystemen im Internet auch für Forscher unterschiedliche Vorteile verbunden, die als wesentliche Begründung für ein solches System gewertet werden können. So bedeutet der Einsatz eines technischen Unterstützungssystems nicht nur Erleichterungen, sondern kann auch zur Erschließung neuer Möglichkeiten beitragen. Die nachfolgend aufgeführten Aspekte bilden eine Grundlage für die Generierung von Kriterien in Bezug auf die Zielgruppenanforderungen.

Ein Identitätsmanagementsystem kann dabei helfen, den Wunsch nach Selbstdarstellung zu unterstützen. Es können Online-Identitäten mit Wiedererkennungswert, Reputation und automatischer Personalisierung aufgebaut werden. Gleichzeitig kann es zum Schutz persönlicher Daten, die über ein digitales Medium verbreitet werden, beitragen. Die wesentlichen Gründe für ein digitales Identitätsmanagement sind also einerseits die Anwendungen, die auf dem Identitätsmanagement aufbauen und eingesetzt werden sollen und die (gesellschaftlichen) Auswirkungen, die sich durch den Einsatz derartiger, mit Identitätsdaten angereicherter Anwendungen ergeben. In erster Linie zielen also Identitätsmanagementsysteme im Internet auf eine Erleichterung der Selbstdarstellung. Datenschutz und Schutz der Privatsphäre stellen in diesem Zusammenhang keine wesentlichen Gründe für ein Identitätsmanagement dar. Sie ergeben sich vielmehr als Folge der Selbstdarstellung im Internet.[36]

In Anlehnung an Baier lassen sich vor diesem Hintergrund einige wesentliche Motivationen für das Identitätsmanagement ableiten. Es handelt sich dabei um die in folgender Tabelle dargestellten Motive bzw. Gründe.[37]

Grund/Motiv	Erläuterung
Bequemlichkeit	Durch den Automatisierungsaspekt in digitalen Identitätsmanagement-Systemen wird die Nutzung von Diensten, die die Autorisierung oder Personalisierung erfordern, erleichtert. Der Nutzer authentifiziert sich gegenüber dem System und dadurch sind ihm dann alle Authentifizierungen zugänglich, die seinen gespeicherten Teil-Identitäten zugewiesen sind. Dadurch muss sich ein Nutzer nicht mehr mit verschiedenen Benutzerkennungen und Passwörtern für verschiedene Dienste befassen. In diesem Zusammenhang wird auch von „Single Sign-On" gesprochen. Im Vergleich dazu erfüllt beispielsweise eine Normdatei aus einer Bibliothek den Aspekt der Bequemlichkeit nicht. Ein Forscher müsste hier zunächst

---

[36] Vgl. Baier, 2005, S:22.
[37] Vgl. Baier, 2005 S.22ff.

	einen Ansprechpartner finden, wenn er Veränderungen umsetzen möchte.
Vertrauen und Reputation	Für viele Anwendungen und Kommunikationssituationen ist es für den Nutzer von wesentlicher Bedeutung, dem Kommunikations-partner vertrauen zu können. Im Internet hängt das Vertrauen, das dem jeweiligen Kommunikationspartner entgegengebracht wird, größtenteils vom Ruf oder der Reputation des Kommunikations-partners oder des Dienstanbieters ab. Ein Ruf oder eine Reputation kann allerdings nicht einer anonymen Quelle oder einem unbe-kannten Pseudonym anhängen. Vielmehr ist eine eindeutige Zu-ordnung erforderlich. Zu diesem Zweck sind digitale Identitäten von Bedeutung, da ohne sie keine Reputation aufgebaut werden kann. Des Weiteren kann Vertrauen durch Verschlüsselung und Signie-rung unterstützt werden. Beispielsweise muss eine Identitätsbe-hauptung, aus der die Reputationsannahme resultiert, immer durch eine Signatur belegt werden. Ohne digitale Identitäten kann eine solche Behauptung nicht realisiert werden. Hier geht es also da-rum, dass Systeme sicherstellen, dass Unbefugte keine uner-wünschten Inhalte ergänzen können. Andersherum ist es wichtig, dass sichergestellt wird, dass in einem vom Forscher selbst ge-pflegten Profil ausschließlich Publikationen des entsprechenden Forschers ergänzt werden und nicht auch solche von Namensver-wandten des Forschers.
Wiederer-kennbare On-line-Persönlichkei-ten	Die komplexeste Motivation für den Einsatz von digitalen Identi-tätsmanagement-Systemen ist das Erschaffen von Online-Persönlichkeiten sowie die Wiedererkennbarkeit dieser Persönlich-keiten über Grenzen von beschränkten Anwendungen und Diens-ten hinaus. Das heißt, hier geht es um die eindeutige Wiederer-kennbarkeit. Systeme sollten hier sicherstellen, dass Informationen genau zu dieser Person und nicht die einer Person mit gleichem Namen gehören.
Online Com-munities	Online-Communities sind Zusammenschlüsse von Internet-Nutzern, die für die Gestaltung der Community verschiedene Kommunikationsmechanismen nutzen können (vgl. dazu auch die Ausführungen zum Gliederungspunkt „Soziale Netzwerke"). Soziale Netzwerke oder Communities bieten den Benutzern heute sehr weitgehende Möglichkeiten der Kommunikation und der Selbstdar-stellung. So können beispielsweise in einer Community Profilinfor-mationen, wie Wohnort, Alter, Geschlecht, Hobbys, Kontaktdaten etc. hinterlegt werden, damit andere Personen mehr über den je-weiligen Nutzer erfahren. Über sogenannte Logging-Mechanismen können auf komfortable Weise alle Beiträge eines Benutzers ge-funden werden, vielfach wird auch die Anzahl der Beiträge eines Nutzers in seinem Profil angezeigt.

	Das innerhalb einer Community aufgebaute Persönlichkeitsbild mit Identitätsattributen, Reputation und Beitragshistorie ist allerdings an die entsprechende Community gebunden und eine Übertragung von z. B. der Reputation in eine andere Community ist nicht problemlos möglich. Dies entspricht allerdings nicht dem Verständnis einer Gesellschaft, wo sich Reputation und andere Eigenschaften über unterschiedliche Gruppen hinweg entwickeln können, wenn sich die Gruppenmitglieder wiedererkennen. Durch den Einsatz von Identitätsmanagement könnte das aufgezeigte Problemfeld beseitigt werden.
Gruppierung von Kommunikationsteilnehmern und Äußerungen	In der Regel haben Situationen, in denen Selbstdarstellung oder Schutz der Privatsphäre eine Rolle spielen, einen weitergehenden Sinn. Dieser Sinn geht in der Regel über den Austausch persönlicher Daten hinaus. Selten geht es nur darum, sich dem Kommunikationspartner vorzustellen. In der Regel stellt die Selbstdarstellung vielmehr eine Bereicherung einer weiteren (inhaltlichen) Kommunikation dar. Damit Teilnehmer einer Kommunikation zu ihren Äußerungen und die Äußerungen zu ihrem Ursprung zuordnen werden können, ist ein Gruppenmechanismus von Bedeutung. Identitätsbehauptungen und Selbstdarstellungsakte sollen mit den jeweils dazugehörenden inhaltlichen Kommunikationsakten in einen gemeinsamen Kontext gebracht werden. Dies kann im Rahmen des Identitätsmanagements durch eine sogenannte „Sitzung" erfolgen. Eine solche Sitzung beinhaltet beschreibende Attribute über den Verlauf oder den Inhalt der Kommunikationsakte.
Schutz	Der Schutz der Privatsphäre und der persönlichen Daten bei der Kommunikation im Internet ist ein wichtiges Ziel. Systeme, die Internetnutzer zur Selbstdarstellung und für Kommunikationsprozesse nutzen, sollten Schutz vor Beobachtung, Schutz vor Verletzung der Privatsphäre und beispielsweise Identitätsdiebstahl bieten. Vor diesem Hintergrund besteht eine wesentliche Motivation für den Einsatz von Identitätsmanagement-Systemen im Sicherheitsgewinn, der durch die Integration von Schutzmechanismen erzielt wird.

Tabelle 1:Gründe für ein Identitätsmanagement

Quelle: In Anlehnung an Baier, 2005, S. 22ff.

Insgesamt gewährleistet ein Identitätsmanagementsystem Identifikation und Authentifikation von Personen und stellt die Autorisation für den Zugriff auf Ressourcen (auch über Organisationsgrenzen hinaus) sicher.[38]

---

[38] Vgl. Höllrigl/Schell/Wenske/Hartenstein, 2007, S.75.

Neben den dargestellten allgemeinen Gründen, die für Identitätsmanagement allgemein gelten, lassen sich weitere, speziell auf das Scholarly Identity Management bezogene Gründe aufführen. So ergeben sich aus einer Analyse unterschiedlicher Präsentationen auf dem CNI Scholarly Identifiers Workshops beispielsweise die folgenden Gründe:[39]

- Hilfe beim Suchen und Finden: Scholarly Identy Management-Systeme können dabei helfen, Literatur zu finden und Zugriff auf Quellen zu erhalten. Des Weiteren tragen sie dazu bei, dass ein Forscher führendes Wissen in der Wissenschaft identifizieren, daran partizipieren und sich beteiligen kann.
- Sie können dabei helfen Zusammenarbeit zu verbessern und zu beschleunigen.
- Sie könne im Hinblick auf Veröffentlichung und Präsentation einen Vorteil schaffen, da sie die „Time to Market" beschleunigen helfen und dazu beitragen den Einfluss des Forschers auszuweiten.
- Sie können im Hinblick auf Analyse und Evaluation helfen. So können Sie eine Hilfestellung bei Evaluation von Leistungen sein. Das heißt, sie können dabei helfen, die eigenen Forschungsaktivitäten und ihren Einfluss zu messen und zu bewerten und sie im Sinne eines Benchmarkings einzuordnen.
- Stehen durch Scholarly Identity Management-Systeme sogenannte „Best-in-Class"-Informationen zur Verfügung, können sie einen Beitrag zu strategischen Entscheidungen leisten.
- Scholarly Identy Management-Systeme fördern darüber hinaus die offene Zusammenarbeit und die Verbreitung von Forschung und tragen damit zum wissenschaftlichen Fortschritt bei.

Die hier aufgeführten Gründe für ein Scholarly Identity Management liefern erste Ansätze für die Identifikation von Kriterien für die Analyse ausgewählter Systeme. So lassen sich aus den aufgeführten Aspekten beispielsweise Kriterien für die Analyse der Zielgruppenanforderungen generieren. Diese Aspekte werden somit im Kapitel 3.2 aufgegriffen und zu nutzbaren Kriterien verdichtet.

---

[39] Vgl. Rotenberg/Pillifant/Webster, 2012, S.2ff; Shillum, 2012, S. 3ff.

2.3.3 (Forscher)profile

Im Sinne des Identitätsmanagements kann ein Profil mit einem Benutzerkonto (auch User Account) gleichgesetzt werden. Ein Benutzerkonto bzw. Account ist ein Geschäftsabkommen zwischen einem Benutzer und einem Dienstleister zur Nutzung eines Dienstes bzw. zur Erbringung des Dienstes.[40]

Im allgemeinen Sprachgebrauch werden mit Profilen in der Regel Profile in sozialen Netzwerken verstanden, die mit diversen Informationen bestückt sind. So sind dort beispielsweise viele persönliche Informationen, wie Alter, Geschlecht, Ausbildung, Hobbys sowie private Fotos und Videos enthalten. In diesem Zusammenhang wird unter einem Profil die Eigendarstellung eines Nutzers im Internet verstanden. Der Nutzer zeigt, was er ist und wie er gesehen werden möchte.[41]

Wissenschaftler können ebenfalls diverse Tools und Onlineangebote im Internet nutzen, um den Einfluss ihrer Forschung zu zeigen und die eigene Arbeit für andere sichtbar zu machen. Etwas anders als die in sozialen Netzwerken gebräuchliche, eher persönliche Darstellung des eigenen Profils, sollten Forscher in ihren Profilen eher die auf ihren Beruf bezogenen Informationen in den Mittelpunkt stellen. Ein Online-Profil eines Forschers kann dabei beispielsweise die folgenden Aspekte umfassen:[42]

- Lebenslauf
- Zuerkannte Förderungen, Finanzierungen
- Veröffentlichte Arbeiten
- Präsentationen
- Datenmaterial zu Forschungen
- Lehrmaterial

---

[40] Vgl. Höllrigl, 2010, S. 17.
[41] Vgl. Grabs/Bannour, 2012, S. 207.
[42] Vgl. brown, 2013, o.S.

2.3.4 Ausgewählte (informationstechnische) Grundlagen zum Identitätsmanagement

2.3.4.1 Arten von Identitäten

Es gibt unterschiedliche Arten von Identitäten, die für das Identitätsmanagement von Bedeutung sind. Identitäten führen dazu, dass zu jedem Zeitpunkt eindeutig bestimmt werden kann, wer welche Berechtigungen besitzt. Unterschieden werden:[43]

- physische Identität,
- gelebte Identität,
- kontextuelle Identität
- logische Identität.

Die **physische Identität** kann als einfachste Identitätsart bezeichnet werden. Allein durch die physische Existenz stellt eine Person eine eigene Identität dar. Sie hat angeborene, sozialisierte, erworbene und verliehene Körper- und Charaktereigenschaften sowie übernommene Rollen. Vielfach wird in Bezug auf die physische Identität einer Person auch von personeller Identität gesprochen. Diese Art der Identität bildet die Basis für das Agieren der Person. Im Hinblick auf das Identitätsmanagement sind mit der Person Berechtigungen verbunden, die sich durch die Rollen und Funktionen der Person ergeben.[44]

Die **gelebte Identität** entsteht aus der Position einer Person in ihrem Arbeitsumfeld und der dort von der Person übernommenen Rolle und Funktion. Wechselt beispielsweise eine Person in eine Führungsposition, so wechselt diese Person nicht nur die Aufgabe, sondern auch die Identität. In Bezug auf Berechtigungen im Identitätsmanagement kann die gelebte Identität genutzt werden, um einer personellen Identität Rollenpakete zuzuordnen und zu kapseln. Damit ist gemeint, dass ausschließlich die jeweilige Rollenkombination genutzt werden kann. Die gelebte Identität kann auch der personellen Identität zugeordnet werden und muss nicht zwingend getrennt betrachtet werden.[45]

Die **kontextuelle Identität** bezieht sich auf einen bestimmten Kontext, das heißt, dass die Identität nur in einer bestimmten Beziehung gilt. Gemäß der kontextuellen Identität stehen nur einige wenige Aspekte im Vordergrund, alle anderen werden

---

[43] Vgl. Tsolkas/Schmidt, 2010, S. 23ff.
[44] Vgl. Tsolkas/Schmidt, 2010, S. 23.
[45] Vgl. Tsolkas/Schmidt, 2010, S. 24.

ausgeblendet. Eine Identität nimmt hier also in einem Kontext eine bestimmte Rolle ein, sodass kontextuelle Identität und Rolle synonym verstanden werden können. [46]

Die **logische Identität**, sie wird zum Teil auch als virtuelle oder technische Identität bezeichnet, ist eine Abbildung einer physischen Identität in einer virtuellen (nicht-realen Umgebung). Die in dieser virtuellen Umgebung existierenden logischen Identitäten werden von physischen Identitäten gesteuert. In der Informationstechnik stellt eine logische Identität die Repräsentation einer physischen oder kontextuellen Identität in einem Informationssystem dar. Logische Identitäten werden innerhalb von Informationssystemen als Konten (sogenannte Accounts) verwaltet. [47]

2.3.4.2 Technische Anforderungen an ein Identitätsmanagement-System

Ein Scholarly Identity Management-System muss den Herausforderungen der heutigen Zeit begegnen können. Es sollte definitorische Standards innerhalb von Datenquellen und –typen sowie über diese hinaus übernehmen können und Personen über unterschiedliche Datenquellen und –typen eine einheitliche Identität zuordnen können. [48] Das heißt, neben den Anforderungen, die sich aus den Gründen und Motiven für ein Scholarly Identity Management aus Sicht der Forscher ergeben (vgl. Kapitel 2.3.2) sind zusätzlich technische Anforderungen zu erfüllen.

Vor diesem Hintergrund lassen sich in Anlehnung an Vogel typische Anforderungen, nennen, die ein Informationsmanagementsystem erfüllen sollte. Sie lassen sich in funktionale und non-funktionale Anforderungen unterteilen und werden in folgender Tabelle im Überblick dargestellt. [49]

	Informationsspeicher	Im Identitätsmanagementsystem kommen für die Speicherung von Identitäten Verzeichnisdienste zum Einsatz. Bei den gespeicherten Identitäten kann es sich neben Personen auch um Gebäude, Anwendungen, Geräte, Rollen etc. handeln. Die Art sowie der Umfang der Attribute, die einer Identität zugeordnet werden, ergeben sich aus dem jeweiligen Kontext.
Funktionale Anforderungen	Datenintegration	Bestehende Daten müssen in das Identitätsmanagementsystem integriert werden.

---

[46] Vgl. Tsolkas/Schmidt,2010, S. 24.
[47] Vgl. Tsolkas/Schmidt,2010, S. 24f.
[48] Vgl. Shillum, 2012, S. 2ff.
[49] Vgl. Vogel, 2010, S.18.

	Authentifizierung	Ein Identitätsmanagementsystem ist eine zentrale Authentifizierungsinstanz. Es macht eine Reduktion der erforderlichen Authentifizierungsmerkmale für alle Systeme möglich.
	Autorisierung	Ein Identitätsmanagementsystem erteilt Zugriffs-rechte für Ressourcen.
	Provisionierung	Hier geht es um das Anlegen, Ändern, Löschen und Wiederbeleben einer Identität. Es wird auch von Life-Cycle-Management gesprochen. Provisionierung ist also insgesamt die weitestge-hende Automatisierung aller Geschäftsprozesse für Erstellung, Aktivierung, Anpassung, Deaktivierung und Löschung digitaler Identitäten.
	Passwort Manage-ment	Im Mittelpunkt steht hier die schnelle Synchronisati-on von Passwörtern über Systemgrenzen hinaus.
	User Self Service	Nutzern muss es ermöglicht werden, persönliche Attribute selbstständig zu ändern.
	Zentrale und dezent-rale Administration	Die zentrale Administration beinhaltet alle Funktio-nen, die für die Verwaltung des Identitätsmanage-mentsystems und der zugehörigen Daten erforder-lich sind. Im Rahmen der dezentralen Administration erfolgt die Delegation von Aufgabenbereichen an Abteilungen, die sich mit den jeweiligen Besonder-heiten der Bereiche auskennen.
	Workflowmanagement	Hier geht es um das Konfigurieren komplexer Abläu-fe.
	Auditing	Im Rahmen des Auditing werden Ereignisse im Identitätsmanagementsystem protokolliert und ana-lysiert.
	Monitoring	Hard- und Software werden auf Fehlfunktionen ge-prüft.
	Reporting	Erstellung von Statistiken
Non funktionale An-forderungen	Sicherheit	Identitätsmanagementsysteme müssen eine sichere Speicherung und Verteilung sensibler Daten über das Netzwerk sicherstellen.
	Zuverlässigkeit	Hier ist ein redundanter Aufbau eines Identitätsma-nagementsystems gemeint. Der Grund liegt darin, dass ein Ausfall eines Systems viele IT-Dienste be-treffen würde.
	Benutzerfreundlichkeit	Der Anwender muss die Nutzung des Systems leicht

		nachvollziehen können.
	Flexibilität	Die Anbindung eines Identitätsmanagementsystems an diverse IT-Dienste in einer heterogenen Umgebung sollte möglich sein.
	Standards.	Mittels standardisierter Protokolle werden Integration und Austausch von einzelnen Komponenten vereinfacht.

Tabelle 2:Anforderungen an ein Identitätsmanagement-System

Quelle: in Anlehnung an Vogel 2010, S. 18ff, Höllrigl, 2010, S. 23 f.

2.3.4.3 Aufbau/Bestandteile von IDM

Vogel beschreibt den Aufbau eines Identitätsmanagementsystems in Anlehnung an das Ebenen-Modell von Mezler-Andelberg. Da das Modell auch für Nicht-Informatiker einfach verständlich ist und zudem das Ziel hat, alle Themen des Identitätsmanagements übersichtlich und verständlich darzustellen, soll es im Folgenden zur Erläuterung des Aufbaus von Identitätsmanagementsystemen herangezogen werden.[50] Folgend Abbildung stellt das Modell zunächst insgesamt dar.

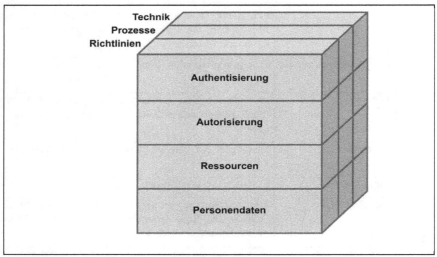

Abbildung 1:   Das Ebenen Modell nach Mezler-Andelberg

Quelle: Vogel, 2010, S. 21; Mezler-Andelberg 2008, S. 19.

---

[50] Vgl. Vogel, 2010, S. 21f.

Im Folgenden werden die Hauptebenen im Überblick dargestellt. Auf die jeweiligen Ausgestaltungen der einzelnen Ebenen in Richtlinien, Prozesse und Technik soll nicht vertiefend eingegangen werden, um den Umfang der Arbeit nicht zu sprengen. Es sei an dieser Stelle lediglich darauf hingewiesen, dass es sich bei Richtlinien um gesetzliche Vorgaben, Erwartungen von Kunden und die Unternehmenskultur handelt. Prozesse sind diejenigen Tätigkeiten, die für die Zielerreichung mittels Identitätsmanagementsystem erforderlich sind. Technik bezeichnet die technische Implementierung.[51]

Die in der Abbildung zuunterst dargestellte **Ebene der Personendaten** bildet die Grundlage für die übrigen Ebenen. Vielfach werden dazu Daten von der Personalabteilung genutzt. Im Hochschulbereich wären dadurch allerdings nur die Mitarbeiter einer Hochschule abgedeckt. Weitere Daten zu Studenten kommen deshalb vom Prüfungsamt.[52] Woher Daten für ausschließlich für Forscher geltende Identitätsmanagementsysteme letztlich kommen, wird in der Literatur nicht abschließend beschrieben. Auch hier wären nach Ansicht des Verfassers Daten aus der Personalabteilung von Hochschulen denkbar, allerdings reichen diese sicherlich nicht aus, um alle Personen abzudecken, für die ein Zugang zum System erforderlich bzw. sinnvoll ist. Für die Untersuchung ausgewählter Systeme im Kapitel drei stellt sich somit die Frage, wer die Informationen in die jeweiligen Systeme eingibt, der Forscher selbst oder eine andere Person?

Wichtig ist, dass diese Ebene alle Personen umfasst, die einen Zugriff auf das System benötigen. Es ist möglich, diese Ebene zu unterteilen, das ist beispielsweise dann sinnvoll, wenn Daten von unterschiedlichen Abteilungen bezogen werden. So ist beispielsweise eine Unterteilung der Ebene in Mitarbeiter und Externe möglich. Die Ebene der Personendaten zielt darauf ab, den anderen Ebenen sowohl konsolidierte als auch bereinigte Daten zur Verfügung zu stellen. Vogel nennt in diesem Zusammenhang die folgenden Anforderungen:[53]

- Die eindeutige Identifikation einer Person muss möglich sein.
- Die Datenquelle muss nachvollziehbar sein.
- Eine regelmäßige Überprüfung der Personendaten muss durchgeführt werden.

---

[51] Vgl. Vogel, 2010, S. 22.
[52] Vgl. Mezler-Andelberg, 2008, S. 14.
[53] Vgl. Vogel, 2010, S. 22.

Die zweite Ebene **„Ressourcen"** befasst sich mit den Systemen und Daten, die für die Berechtigten verwaltet werden. In dieser Ebene sind die Mechanismen der Zugriffssteuerung durch die Systeme vorgegeben. Beispielsweise werden auf Grundlage der Informationen der Personenebene Benutzeraccounts angelegt. Das heißt, die Systeme haben vielfach individuelle, an Benutzeraccounts gebundene Berechtigungen. Der Benutzeraccount ist also der Träger der Berechtigungen auf IT-Ressourcen. Im einfachsten Fall werden einem Account direkte Berechtigungen (z. B. „lesen" oder „schreiben") in Bezug auf eine Ressource (z. B. ein Dokument) zugeordnet.[54]

Damit Benutzer nicht für jedes System, für das sie einen Zugriff benötigen, eigene Identitäten verwalten müssen, kann ein Single Sign On (SSO)[55] eingesetzt werden.[56]

Im Fokus der dritten Ebenen, der **Autorisierungsebene**, stehen Berechtigungen und deren Verwaltung.[57] *„Die Autorisierung ist eine Berechtigung, eine ausdrückliche Zulassung, die sich normalerweise auf einen Benutzer, bzw. auf eine Identität (Subjekt) bezieht."*[58] Da es nicht möglich ist, alle erforderlichen Berechtigungen einzeln zu vergeben, werden Berechtigungen zu Rollen zusammengefasst. Bei einer sogenannten Rolle handelt es sich um eine Sammlung von Berechtigungen, die für die Erfüllung einer Aufgabe notwendig sind. Das heißt, ein Mitarbeiter erhält für jede Aufgabe, die er erfüllen soll, die entsprechende Rolle und damit alle erforderlichen Rechte.[59]

Innerhalb der Autorisierungsebene ist im Hinblick auf Rollen und Rechte die Unterscheidung zwischen dem Zugriff auf Daten und dem Zugriff auf Funktionen von Bedeutung.[60]

Für die Autorisierung sind bestimmte Anforderungen zu berücksichtigen:[61]

- Es darf nur ein ausgewählter Benutzerkreis Zugang erhalten (Vertraulichkeit).
- Es dürfen nur berechtigte Änderungen vornehmen, zudem ist sicherzustellen, dass nachvollziehbar ist, wer Änderungen durchgeführt hat (Integrität).
- Informationen müssen immer verfügbar sein (Verfügbarkeit)

---

[54] Vgl. Mezler-Mezler-Andelberg, 2008, S.Andelberg, 2008, S. 15.
[55] Sehr ausführliche Informationen zum Single Sign On finden sich beispielsweise bei Tsolkas/Schmidt,2010, S. 181ff.
[56] Vgl. Vogel, 2010, S. 23.
[57] Vgl. Mezler-Andelberg, 2008, S. 16.
[58] Tsolkas/Schmidt, 2010, S. 159.
[59] Vgl. Mezler-Andelberg, 2008, S. 16.
[60] Vgl. Mezler-Andelberg, 2008, S. 40, Vogel, 2010, S. 24.
[61] Vgl. Vogel, 2010, S. 24, ausführliche Angaben zum Rollenkonzept finden sich u.a. bei Tsolkas/Schmidt, 2010, S. 41ff.

Damit diese Anforderungen erfüllt werden können, ist es wichtig, dass dem Benutzer nur die tatsächlich erforderlichen Rechte zugeteilt werden. Also nur Rechte, die er im Rahmen seiner Tätigkeit benötigt. In diesem Zusammenhang wird auch von „least privilege" gesprochen. Zudem ist eine Rechtetrennung empfehlenswert (die sogenannte Separation of Duties).[62]

Die vierte Ebene umfasst die **Authentifizierung**. Hier wird eine Identität, eine Person oder ein Computersystem überprüft. Dabei geht es darum, die Identität anhand identitätsgebundener Informationen zu überprüfen und zu bestätigen. Es gibt diverse Formen der Authentifizierung. In der Informationstechnologie kann eine Authentifizierung beispielsweise mittels User ID und Passwort, mit Challenge Response, Token, Biometrie, Splitted Password, etc. erfolgen.[63] Wesentlich ist, dass die Authentifizierung über etwas erfolgt, was nur der Nutzer weiß oder hat.[64]

In dieser Ebene geht es also um die Legitimation des jeweiligen Benutzers sowie um die Vermeidung von Missbrauch.[65]

Es ist anzumerken, dass die Authentifizierungsebene auch die dritte Ebene sein könnte. Sie muss nicht zwingend auf der dritten Ebene aufsetzen. Vielfach wird die Authentifizierung technisch auch in die zweite Ebene integriert.[66]

2.3.4.4 Föderatives Identitätsmanagement

Das föderative Identitätsmanagement ist eine logische Entwicklung des Identitätsmanagements. Es kann als eine Reaktion auf die steigenden Anforderungen an die Verwaltung digitaler Identitäten betrachtet werden und wird in verteilten Systemen und organisationsübergreifenden Anwendungen eingesetzt.[67]

Das föderative Identitätsmanagementmodell umfasst vier wesentliche Bestandteile:[68]

- Die Entität, die anhand einer behaupteten digitalen Identität mit einer Applikation interagiert.

---

[62] Vgl. Vogel, 2010, S. 24 und weiterführend Tsolkas/Schmidt, 2010, S. 159ff.
[63] Vgl. Tsolkas/Schmidt, 2010, S. 127.
[64] Vgl. Mezler-Andelberg, 2008, S. 16.
[65] Vgl. Vogel, 2010, S. 25.
[66] Vgl. Mezler-Andelberg, 2008, S. 16.
[67] Vgl. Höllrigl, 2010, S. 25.
[68] Vgl. Höllrigl, 2010, S. 25ff.-

- Einen Client, der dazu dient, dass die Entität mit der Applikation interagieren kann. Im Hinblick auf einen Benutzer kann das zum Beispiel ein Webbrowser sein. Dieser wird dann auch als User Agent bezeichnet.

- Ein Identitätsprovider, der für die Verwaltung der Vorgänge und Durchführung identitätsbezogener Vorgänge, wie die Authentifizierung von Benutzern, zuständig ist.

- Einen Dienstanbieter, der einem Benutzer einen Dienst zur Verfügung stellt.

Innerhalb des Identitätsmanagements spielen allerdings nicht nur technische Aspekte eine Rolle. Auch die Eingliederung in organisatorische Prozesse und Strukturen einer Organisation ist von wesentlicher Bedeutung. Somit ist es wichtig, von den Grundprinzipien der Föderation als Organisationsform zu lernen. Durch die Anwendung der Prinzipien der Föderation kann ein Gewinn für die technische Ebene des Identitätsmanagements erzielt werden.[69]

Diese Prinzipien ergeben sich aus der folgenden Definition: *"Federalism is essentially a system of voluntary self-rule and shared rule. This is implied in the derivation of the word "federal", which comes from the Latin foedus, meaning covenant. A covenant signifies a binding partnership among co-equals in which the parties to the covenant retain their individual identity and integrity while creating a new entity, such as a family or a body politic, that has its own identity and integrity as well."[70]*

2.3.5 Aktuelle Problemfelder und Herausforderungen des Scholarly Identity Management

Bedingt durch aktuelle Entwicklungen ist auch im wissenschaftlichen Bereich heute ein autorisierter Zugriff auf personenbezogene und kontextsensitive Dienste überall und jederzeit erforderlich. So muss sich eine moderne Universität u.a. dadurch auszeichnen, dass sie dem durch strategische und politische Vorgaben, neue Kooperationen und wissenschaftliche Weiterentwicklungen angestoßenen stetigen Wandel gewachsen ist. Um sich dieser Herausforderung zu stellen, ist ein Identitätsmanagement sowohl für die Forschungseinrichtung als auch für Forscher von wesentlicher Bedeutung.[71]

---

[69] Vgl. Höllrigl, 2010, S: 27.
[70] Kincaid, 2005, S. 8, zitiert nach Höllrigl, 2010, S. 27.
[71] Vgl. Höllrigl/Maurer/Schell/Wenske/Hartenstein, (2006), S.70ff.

„*Das Identity Management (IDM) an Hochschulen ist in der Praxis angekommen und muss sich in der Realität bewähren. Hierzu zählt einerseits die Integration von Datenbeständen unterschiedlicher organisatorischer und administrativer Einheiten und andererseits die Offenheit für neue Herausforderungen.*"[72]

Forscher haben ein großes Interesse daran, Dienste bzw. Systeme zu nutzen, die sie beim Management ihrer Profildaten unterstützen. „*If it provides a more efficient way to manage my profile data and institutional and funder reporting requirements, I'll use it.*"[73] Sie haben unter anderem Interesse, Hilfe beim Vorlegen eines Papers zu nutzen. Zudem müssen sie ihren wissenschaftlichen Output auflisten und sind an Hilfe interessiert, die es ihnen ermöglicht, andere Veröffentlichungen eines bestimmten Autors zu identifizieren. Des Weiteren besteht ein großes Interesse daran, Kollaborationspartner zu finden. Im Hinblick auf ganze Forschungseinrichtungen besteht ein großes Interesse daran, einen effizienten Weg zu finden, um die eigene Expertise zu managen. „*If it provides a more efficient way to manage expertise and impact data and supports seamless institutional reporting, we'll use it.*"[74] Insbesondere besteht in diesem Zusammenhang der Bedarf, die Stärken und Schwächen der eigenen Forschung zu verstehen und den Vergleich mit anderen Institutionen zu suchen.[75]

Trotz des offensichtlich großen Bedarfs an Systemen, die solche Aspekte unterstützen, zeigt sich bei einer näheren Analyse des Themenfeldes „Scholarly Identity Management", dass dies ein bislang wenig behandeltes Forschungsfeld in der Fachliteratur ist. Das wird insbesondere dadurch deutlich, dass sich weder in der englischsprachigen noch in der deutschsprachigen Fachliteratur eine Definition des Begriffs finden lässt. In erster Linie gibt es derzeit Veröffentlichungen, die sich mit Fallbeschreibungen zu diesem Thema befassen und den Fokus vornehmlich auf die Umsetzung von Identitätsmanagementansätzen an Universitäten legen.[76] Einen anderen Schwerpunkt bilden Präsentationen von Produkten, wie ORCID (Open Researcher and Contributor ID).[77] Eine umfassende wissenschaftliche Auseinandersetzung mit dem Thema „Scholarly Identity Management" lässt sich aktuell nicht identifizieren.

---

[72] Gasmi/Schneider/Suchodoletz, 2008, S. 589.
[73] Shillum, 2012, S. 4.
[74] Shillum, 2012, S. 5.
[75] Vgl. Shillum, 2012, S. 5.
[76] Vgl. z .B. Vogel, 2010; Dietz/Göcks, 2008.
[77] Vgl. die Präsentation von Shillum, 2012.

Auch bei einer Betrachtung der Praxis zeigt sich ein bislang noch diffuses und unein-heitliches Bild. Es gibt zwar mittlerweile eine Vielzahl von unterschiedlichen Ansätzen für ein Scholarly Identity Management. Allerdings zeigt sich hier ein breites Spektrum sehr unterschiedlicher Angebote. Insgesamt kann auch hier, ähnlich wie in Bezug auf die Literatur, das Bild derzeit noch als recht diffus bewertet werden. Die folgende Ta-belle gibt einen (nicht vollständigen) Überblick über bestehende Ansätze und Mög-lichkeiten.

Ansätze/Möglichkeiten	Beschreibung
LinkedIn http://www.linkedin.com/	Vielfach wird LinkedIn als das „professionelle Facebook" bezeichnet. Mithilfe von LinkedIn können u.a. Arbeits-platz, Publikationen, Mitgliedschaften in Organisationen und Verbindungen zu ehemaligen und zukünftigen Kolle-gen aufgelistet werden.
Academia.edu http://academia.edu/	In Academia sind über zwei Millionen Mitglieder aus un-terschiedlichsten Forschungsbereichen vertreten. Es er-möglicht die Erstellung eines Profiles und macht es mög-lich, der Forschung von Kollegen zu folgen. Zudem er-möglicht die Seite das Hochladen von Dokumenten sowie die Nutzung von Statistiken und weiterer Services.
Mendeley http://www.mendeley.com/	Mendeley ist sowohl ein Service zum Managen von Zita-ten und Quellen („Reference Management System") als auch eine Soziale-Netzwerk-Seite. Mendeley macht es Wissenschaftlern möglich, sich durch detaillierte Profile, Forschungsinteresse etc. zu verbinden.
ResearcherID http://www.researcherid.com/	ResearcherID überträgt eine einmalige/eindeutige Identi-tät (Kennung/Bezeichnung) auf jeden Autoren im System. Dadurch wird gewährleistet, dass Arbeiten korrekt identi-fiziert werden. Es unterstützt zudem eine Zitations-Metrik für die einzelnen Autoren. Des Weiteren bietet Resear-cher ID die Angabe möglicher Kooperationspartner.
Scholar Universe http://www.scholaruniverse.com/	Hier handelt es sich um eine Datenbank für Wissen-schaftler-Profile. Jedes Profil wird regelmäßig auf Rich-tigkeit und Aktualität überprüft.
Nature Network http://network.nature.com/	Im Nature Network können Profile angelegt werden und die Kontaktaufnahme zu Kollegen wird durch Foren und Blogs unterstützt. Die Seite bietet zudem die Option, ei-nen personalisierten „Arbeitstisch" mit Online-Naturwissenschafts-Tools einzurichten.

ePortfolio@VT http://eportfolio.vt.edu/	Mit diesem Tool kann ein eigenes, einmaliges, persönliches Portfolio angelegt werden. Es bietet einen Web-Space zum Herausstellen der eigenen Arbeit und der eigenen Philosophie.
Slideshare http://www.slideshare.net/	Mittels Slideshare lassen sich wissenschaftliche Präsentationen sowie Dokumente, wie ein Lebenslauf, mit anderen teilen. Die Plattform bietet zudem Nutzerstatistiken.
About.me https://about.me/	Diese Seite macht die Erstellung eines Profils möglich, das Links zu allen anderen vom Nutzer erstellten Profilen sammelt. Es gibt einen Überblick (dem Nutzer und anderen Personen) über alle persönlichen Informationen im Netz.
ResearchGate https://www.researchgate.net/home.Home.html	ResearchGate umfasst mehr als 2 Millionen Mitglieder aus Naturwissenschaft, Sozialwissenschaft und Geisteswissenschaft. Fachartikel können hochgeladen und geteilt werden, Forschungsfragen können diskutiert werden. Ebenso können Rohdaten und Berichte zu Experimente veröffentlicht werden
Epernicus http://www.epernicus.com/	Epernicus beinhaltet analytische Tools für de Messung von Profil-Aktivitäten sowie der Wirkung bzw. dem Einfluss von Profilen. Es beinhaltet akademische genealogische Links.
Figshare http://figshare.com/	Unterstützt private und geteilte Datenspeicherung mit QR-Codes und DOIs. Es bietet analytische Metriken zur Messung der Bedeutung und der Sichtbarkeit der Arbeit.
RePEc Author Service (RAS) https://authors.repec.org/	Richtet sich an Forscher aus dem Bereich der Ökonomie und verwandten Gebieten. Unterstützt den Aufbau und die Pflege eines öffentlichen Forscherprofils. Hat das Ziel Wirtschaftswissenschaftler und ihre Forschungsergebnisse zu vernetzen. RePEc-Author Services wird hier stellvertretend für weitere RePEc Services genannt. Dazu zählen IDEAS und Econ Papers, LogEC, CitEc, NEP (New Economic Papers). Sie werden hier nicht weiter erläutert.
Open Researcher and Contributor ID (ORCID) http://orcid.org/	ORCID ist eine offene Non-Profit-Community. Sie dient der eindeutigen Identifizierung wissenschaftlicher Autoren. Das System bietet einen beständigen digitalen Identifizierer (Kennung), der einen Forscher von allen anderen Forschern abgrenzt. Durch Integration in Schlüsselabläufe, wie die Einreichung von Manuskripten oder die Beantragung von Förderungen unterstützt ORCID auto-

	matische Verlinkungen zwischen dem Forscher und seinen professionellen Aktivitäten.
Gemeinsame Normdatei (GND) http://www.dnb.de/DE/St andardisie- rung/GND/gnd_node.htm l	GND ist ein bibliothekarisches System. Ziel ist die Arbeit mit einem gemeinsamen Regelwerk. Dieses Regelwerk fokussiert Personen, Körperschaften, Geografika, Werke und Sachbegriffe. Das System zielt auf ein gemeinsames Feldverzeichnis, eine gemeinsame Eingaberichtlinie sowie ein gemeinsames Redaktionskonzept und die Vermeidung redundanter Datensätze bei den Bibliotheken, die diese Normdatei nutzen. GND wird von der Deutschen Nationalbibliothek gemeinsam mit weiteren Partnern kooperativ geführt.
Virtual International Authorithy File (VIAF) http://viaf.org/	VIAF ist ein Gemeinschaftsprojekt von Nationalbibliotheken. Es handelt sich um eine virtuelle internationale Normdatei für Personendaten und diverse weitere Daten. So kann neben Namen von Personen auch nach Namen von Organisationen, geografischen Namen, Titeln, Arbeiten etc. gesucht werden. Es handelt sich hier um ein bibliothekarisches System. VIAF ermöglicht dem Endnutzer den Zugang zu Publikationen und Normdaten und stellt dafür die vom Nutzer jeweils bevorzugte Sprache und Schrift zur Verfügung.
LATTES http://lattes.cnpq.br/	Richtet sich an alle brasilianischen Forscher. LATTES wird hier stellvertretend genannt für weitere länderbezogene Services, wie NARCIS (Niederlande) und Names Project (Großbritannien). Weitere nur auf ein bestimmtes Land fokussierte Services werden hier nicht im Einzelnen aufgeführt.
PubMed Author ID http://www.pubmed.gov	Ist Teil diverser biomedizinischer Datenbanken für Publikationen und Daten
ArXiv Author ID http://www.arxiv.org	Fokussiert die Bereich Physik, Mathematik, Informatik und verwandte Disziplinen. Wird von der Cornell University betrieben.
Scopus Author ID http://www.scopus.com	Richtet sich an alle Disziplinen und ist integriert mit einer bibliografischen Datenbank.

Tabelle 3:Überblick über bestehende Ansätze des Scholarly Identity Managements

Quelle: In Anlehnung an Informationen bei Graduate Education Week, 2011, o.S.; Brown, 2013, o.S.; Weiland, 2008, S. 12ff; Gulder, 2011, S. 9ff; Deutsche Nationalbibliothek, 2011, o.S; Fenner, 2011, S. 29.

Diese Aufführung unterschiedlicher Ansätze für ein Scholarly Identity Management zeigt, dass es hier diverse sehr verschiedene Möglichkeiten gibt. Von allgemein gehaltenen und nicht wissenschaftsbezogenen Diensten (LinkedIn) reicht das Spektrum über Angebote, die ausschließlich Datenbanken für Wissenschaftler-Profile darstellen, fachbezogenen Datenbanken sowie Zitatmanagement-Services mit der Zusatzfunktion der Profilerstellung bis hin zu Diensten, die sich nur an bestimmte Wissenschaftsgebiete richten und sehr umfassende Dienste, die neben der Profilerstellung eine Vielzahl weiterer Möglichkeiten bieten.

Abschließend lässt sich festhalten, dass sich sowohl in Wissenschaft als auch in der Praxis ein uneinheitliches Bild des Scholarly Identity Managements zeigt. Derzeit kann in Bezug auf diese Thematik noch von einer erheblichen Forschungslücke gesprochen werden. Aus diesem Grund soll im Rahmen dieser Arbeit, mit dem Ziel die bestehende Forschungslücke etwas weiter zu schließen, eine Analyse ausgewählter Scholarly Management-Systeme erfolgen. Dies geschieht im folgenden Kapitel.

3 Bewertung von Profildatenbanken anhand ausgewählter Kriterien

Im Rahmen dieses Kapitels geht es darum, ausgewählte Profildatenbanken anhand eines Kriterienkatalogs zu bewerten, um eine Grundlage für die Identifikation von Unterschieden zwischen den Datenbanken und letztlich die Identifikation von Schwachpunkten und Verbesserungspotenzialen zu schaffen.

Zunächst werden einige theoretische Grundlagen für die Entwicklung von Kriterienkatalogen dargelegt, die eine Basis für die Entwicklung des Kriterienkatalogs bilden. Im Anschluss daran wird die Konzeption des Kriterienkatalogs für diese Arbeit betrachtet. Anhand des entwickelten Katalogs erfolgt dann eine Analyse ausgewählter Scholarly Identity Management-Systeme, aus der abschließend Schlussfolgerungen abgeleitet werden.

3.1 Grundzüge der Erstellung von Kriterienkatalogen

Der Begriff **Kriterium** kommt aus dem Griechischen und bedeutet Prüfstein oder unterscheidendes Merkmal.[78]

---

[78] Vgl. Duden, 1996, S. 436.

Im Rahmen dieser Arbeit sollten Kriterien entwickelt werden, die für eine Analyse existierender Profildatenbanken für Forscher herangezogen werden können. Aus diesem Grund werden Kriterien im Sinne von „Prüfsteinen" verstanden.

Kriterienkataloge sind Kataloge, die aus einer Ansammlung von Kriterien bestehen. Vielfach werden Kriterienkataloge in der Literatur im Zusammenhang mit der Bewertung von Software beschrieben, z. B. als Beurteilungsinstrumente für Lernsoftware.[79]

Kriterienkataloge umfassen in der Regel eine Kombination aus empirisch geprüften Kriterien und Kriterien, die Experten für relevant halten, sowie Kriterien, die auf Erfahrungen des Entwicklers des Kriterienkatalogs beruhen.[80]

Oftmals enthalten Kriterienkataloge Fragen und Einschätzungsskalen, um eine standardisierte Beschreibung meist qualitativer Bestandteile von Software o.ä. zu ermöglichen.[81] Auch im Rahmen dieser Arbeit soll eine einfache Skalierung genutzt werden. Sie wird im folgenden Kapitel näher erläutert.

Kriterienkataloge weisen verschiedene Vor- und Nachteile auf. Folgende Vorteile lassen sich identifizieren:[82]

- Erstellung und Einsatz von Kriterienkatalogen sind kostengünstig.
- Eine Evaluation mittels Kriterienkatalogen ist einfach zu organisieren.
- Das Verfahren ist wissenschaftlich, da es nachvollziehbar ist sowie weitestgehende Objektivität aufweist und reproduzierbar ist.

Zu den Nachteilen zählen folgende Aspekte:

- Kriterienkataloge sind nur sehr selten tatsächlich vollständig, da immer wieder neue Faktoren auftreten und alte Kriterien verändert oder weiter unterteilt werden. Dies trifft besonders auf Kriterienkatalogen zu, die für die Evaluation sich schnell verändernder Betrachtungsobjekte (wie Software, Internetanwendungen) eingesetzt werden.
- Im Hinblick auf Bewertung, Gliederung oder Gewichtung von Kriterien besteht die Tendenz zur Subjektivität.

Methodisch handelt es sich bei der Erstellung des Kriterienkatalogs um Sammlung, Aufbereitung und Auswertung bereits vorhandener Daten. Es geht also um eine Form der Sekundärforschung, die sich auf die Untersuchung von gedruckten wissen-

---

[79] Vgl. Ellmann/Breu/Weber, o.J., S.1.
[80] In Anlehnung an Fisch/Kraus, 2005, S. 2.
[81] In Anlehnung an Fisch/Kraus, 2005, S. 2.
[82] Vgl. Ellmann/Breu/Weber, o.J., S. 3f; Fisch/Kleine, 2005, S. 5.

schaftlichen Medien und auch im Internet vorhandenen Quellen konzentriert.[83] In einer Sekundärforschung werden die Daten nicht für den Forschungszweck erhoben. Vielmehr werden Informationen aus verschiedenen Quellen einer Inhaltsanalyse unterzogen.[84] Für die Erstellung des Kriterienkataloges im Rahmen dieser Arbeit soll, allerdings stark vereinfacht, ebenfalls ein inhaltsanalytisches Vorgehen genutzt werden. Dazu werden Literaturquellen sowie im Internet identifizierbare relevante Quellen, die sich mit Scholarly Identity Management und verwandten Themen befassen analysiert, um daraus für den Kriterienkatalog nutzbare Kriterien ableiten zu können.

3.2 Konzeption eines Kriterienkatalogs für die Bewertung von Profildatenbanken

Die Kriterien für die Bewertung von Scholarly Identity Management Systemen werden im Rahmen eines dreistufigen Vorgehens entwickelt:

1. **Unsystematische Sammlung diverser möglicher Kriterien**: Auf Basis einer Analyse der in Kapitel zwei und drei dargelegten Grundlagen zum Thema Scholarly Identity Management werden zunächst alle als Kriterium infrage kommenden Aspekte gesammelt. Des Weiteren wird zusätzlich eine ergänzende Internet- und Literaturrecherche durchgeführt, um ggf. zusätzliche Kriterien identifizieren zu können, die im Rahmen der Darstellung der theoretischen Grundlagen bislang vernachlässigt worden sind. Aus diesem ersten Arbeitsschritt entsteht eine zunächst unsystematische Sammlung einer Vielzahl möglicher Kriterien. Diese unsystematische Sammlung wird in Tabelle vier im Überblick dargestellt.

2. **Verdichtung, Systematisierung und Strukturierung der unsystematischen Sammlung:** In diesem Arbeitsschritt geht es darum, die Vielzahl der gesammelten Kriterien zu ordnen und in eine systematische Struktur zu bringen. Zu diesem Zweck werden zunächst doppelt aufgeführte, sich stark ähnelnde Aspekte zusammengefasst. Des Weiteren werden sinnvolle Obergruppen in Form von Überschriften gebildet, die dabei helfen sollen, die Kriterien nach bestimmten Schwerpunkten zu systematisieren. Zudem ist zwischen Kriterien und Ausprägungen bzw. Beschreibungen von Kriterien zu differenzieren. Das heißt, es muss eine Verdichtung erfolgen, bei welcher der aus Schritt eins identifizierten Faktoren es sich tatsächlich um ein Kriterium handelt und

---

[83] Vgl. Nickel, 2004, S. 24f.
[84] Vgl. Nickel, 2004, S. 24f.

welche Aspekte „nur" Beschreibungen bzw. Ausprägungen einzelner Kriterien darstellen. In diesem Arbeitsschritt wird zu jedem Kriterium eine kurze Beschreibung dargestellt. Ergebnis dieses Schrittes ist ein vorläufiger Kriterienkatalog, der als Analysegrundlage dienen kann (vgl. Tabelle fünf).

3. **Entwicklung einer nutzbaren Skalierung**: Hier soll eine Skalierung gefunden werden, die bei der Bewertung der Scholarly Managementsysteme hilfreich sein kann. Sinnvoll scheint hier die Konzeption einer einfachen, dreistufigen Skala.

4. **Kontinuierliche Anpassung des Kriterienkatalogs**. Da sich Schwächen von Kriterienkatalogen oft erst bei ihrer tatsächlichen Anwendung identifizieren lassen, soll der im zweiten Schritt erstellte Katalog während der Durchführung der Analyse von Scholarly Identity Management-Systemen immer wieder auf seine Nutzbarkeit überprüft werden. So kann es beispielsweise sein, dass ein Kriterium, das im vorläufigen Katalog enthalten ist und zweckmäßig erscheint, sich möglicherweise gar nicht überprüfen lässt, oder es ergeben sich im Rahmen der Analyse Ideen für weitere Kriterien. Ist dies der Fall, so ist der Kriterienkatalog anzupassen.

Schritt eins: Unsystematische Kriteriensammlung

• Netzwerkgröße
• Betreiber
• Anspruch/Ausrichtung
• Funktionsumfang
• Zielsetzung
• Umgang mit Problemen (ein Name mehrere Forscher, Forscher wechseln den Namen, Forscher wechseln die Forschungseinrichtung, Existenz mehrerer Identitäten einer Person, mehrere Publikationen einer Person, die unterschiedliche Namen hat etc.)
• Datenschutz
• Fähigkeit des Systems über unterschiedliche Datenquellen und Datentypen eine einheitliche Identität zuzuordnen.
• Art der Motivation zur Profilpflege
• Wer pflegt das Profil?
• Unterstützung des Wunsches nach Selbstdarstellung
• Aufbau von Online-Identitäten mit Wiedererkennungswert
• Reputation
• Automatische Personalisierung
• Schutz persönlicher Daten
• Schutz der Privatsphäre
• Unterstützung der Bequemlichkeit
• Single Sign On
• Vertrauen und Reputation
• Verschlüsselung und Signierung
• Eindeutige Wiedererkennbarkeit
• Übertragung des aufgebauten Persönlichkeitsbildes in andere Communities
• Gruppierung von Kommunikationsteilnehmern und Äußerungen
• Hilfe beim Suchen und Finden

• Anmeldung und Login • Daten im Account • Verifizierung des Kennzeichens „Forscher" • Autorisierung/Zugriffsrechte • Datenintegration • Reporting • Flexibilität • Monitoring der Software • Provisionierung • Workflowmanagement • Auditing • Vertraulichkeit • Integrität • Verfügbarkeit • Hilfe beim Vorlegen von Veröffentlichungen	• Verbesserung und Beschleunigung von Zusammenarbeit • Schaffung eines Vorteils im Hinblick auf „Time-To-Market" • Hilfestellung bei der Evaluation von Leistungen • Nutzung von „Best-in-Class-Informationen" • Förderung der Zusammenarbeit • Verbreitung von Forschung • Benutzerfreundlichkeit • Nachvollziehbarkeit der Systemnutzung • Zuverlässigkeit • Management von Expertise

Tabelle 4:Unsystematische Kriteriensammlung

Quelle: selbst erstellt

Diese unsystematische Sammlung aller aus den theoretischen Grundlagen ableitbaren möglichen Kriterien ist in dieser Form noch nicht nutzbar, da sie noch Redundanzen enthält, deutlich zu umfangreich ist und einige Aspekte nicht hinreichend überprüfbar sind. Zudem zeichnet sie sich dadurch aus, dass die gesammelten Kriterien in ihrer jetzigen Form zum Teil nicht auf den ersten Blick verständlich sind. Aus diesem Grund ist die folgende Konkretisierung erforderlich.

Schritt zwei: Verdichtung, Systematisierung und Strukturierung der unsystematischen Sammlung sowie Spezifizierung der Kriterien

Zum Zwecke der Konkretisierung der in Tabelle 4 dargestellten Kriterien scheint es in einem ersten Schritt sinnvoll, die Kriterien zu Gruppen zusammenzufassen. Durch Analyse der unsystematischen Kriteriensammlung lassen sich insgesamt vier wesentliche Gruppen identifizieren:

1. Kriterien, die der allgemeinen Charakterisierung des jeweiligen Systems dienen. Dazu zählen Aspekte, wie Größe, Betreiber Zielsetzung etc.
2. Kriterien, die die Funktionsweise des Systems widerspiegeln, wie z. B. Login, Inhalte eines Accounts, Autorisierung.

3. Kriterien, die den Umgang mit Problemfeldern bzw. Herausforderungen von Identitätsmanagementsystemen charakterisieren (z. B. die Lösung des Problems, wenn ein Forscher mehrere Namensverwandte hat).

4. Kriterien, die sich mit der Erfüllung der Anforderungen der Nutzer auseinandersetzen, wie z. B. Unterstützung der Bequemlichkeit, Benutzerfreundlichkeit).

Diese vier Gruppen sollen als erste grundlegende Strukturierung und Systematisierung dazu dienen, die Kriterien aus Tabelle zwei zu ordnen.

Die unsystematische Kriteriensammlung zeigt derzeit noch einige Redundanzen und Unklarheiten. So sind beispielsweise die Kriterien „Unterstützung des Wunsches nach Selbstdarstellung", „Aufbau von Online-Identitäten mit Wiedererkennungswert" und „Reputation" nicht ganz überschneidungsfrei und sollten zu einem aussagekräftigen Kriterium verdichtet werden. Das gilt auch für einige weitere der aufgeführten Kriterien. Diese sollen an dieser Stelle nicht alle im Einzelnen aufgeführt werden. Die weitere Verdichtung zur Vermeidung von Redundanzen und Unklarheiten erfolgt nachfolgend in Tabelle fünf.

Die Kriteriensammlung der Tabelle vier umfasst derzeit noch einige Kriterien, die im Rahmen der Analyse nicht überprüfbar sind. So wird es beispielsweise anhand einer Überprüfung der Systeme im Internet kaum möglich sein, Angaben über das Workflowmanagement des Systems zu erheben. Aus diesem Grund werden Kriterien, die nicht hinreichend überprüfbar erscheinen, im nachfolgenden Kriterienkatalog nicht weiter berücksichtigt.

Damit deutlich wird, was mit den einzelnen Kriterien gemeint ist, und wie diese Kriterien ggf. überprüft werden können, folgt zudem zu jedem Kriterium eine kurze stichpunktartige Erläuterung, die Bezug auf die verschiedenen möglichen Ausprägungen des Kriteriums nimmt.

Kriterien zur allgemeinen Charakterisierung des Systems	
Kriterium	*Charakterisierung/Ausprägung*
• Größe / Reichweite	Nutzerzahlen als Bewertungsmaßstab, Unterteilung in groß, mittel, klein. Die Größe ermöglicht Aussagen über die Reichweite, also z. B., wie vielen weiteren Forschern das Profil zur Verfügung steht. Im Hinblick auf Bibliothekssysteme wird Größe

	nicht als Umfang der Datensätze verstanden, sondern als Reichweite, also als Anzahl der nutzenden Bibliotheken, da bei einer Betrachtung des Umfangs der Datensätze eine Abgrenzung schwierig ist, weil nicht nur Forscher in der Normdatei enthalten sind, zudem sind in Bibliothekssystemen die Personen, die die Daten eingeben nicht identisch mit den Personen deren Daten erfasst werden.
• Betreiber	Universität (akademisch), Unternehmen (kommerziell), Non-Profit-Organisation oder staatlich
• Ausrichtung	Unterstützung eines bestimmten Wissenschaftsgebietes, Unterstützung mehrerer ausgewählter Wissenschaftsgebiete, ohne Fokus auf ein bestimmtes Gebiet (alle Bereiche).
• Funktionsumfang	Nur Identity Management, Identity Management und weitere Funktionen, wie Dokumentenaustausch o.Ä., Bewertung nach großer Umfang (diverse unterschiedliche Funktionen), mittlerer Umfang (einige Funktionen), wenige Funktionen.
• Zielsetzung/Anspruch	Was ist das Ziel des Systems (z .B. Vernetzung, Identitätsmanagement, Unterstützung von Zusammenarbeit etc.).
Kriterien zur Beschreibung der Funktionsweise des Systems	
• Anmeldevorgang	Welche Daten fragt das System bei erstmaliger Anmeldung ab?
• Login	Welche Daten fragt das System beim Login-Vorgang (wenn bereits ein Zugang besteht) ab?
• Verifizierung als Forscher	Wie stellt das System sicher, dass es sich bei den Nutzern tatsächlich um Forscher handelt? Welche Merkmale müssen Nutzer aufweisen, um vom System akzeptiert zu werden?
• Daten im Nutzerprofil	Welche Daten sind im Profil eines Nutzers enthalten (Lebenslauf, Foto, E-Mail, Alter etc.)
• Autorisierung	Wie sind Zugriffsrechte auf Ressourcen geregelt?
• Integration	Erfolgt eine Integration bestehender Daten in das System? Ggf. wird es nicht möglich sein, die hier erforderlichen Informationen zu erhalten. In diesem Falle wird dieses Kriterium nachträglich aus dem Kriterienkatalog entfernt. Da allerdings die Integration bestehender Daten in das System eine nach Ansicht des Verfassers wesentliche Fähigkeit eines Scholarly Identity Management Systems darstellt, soll zumindest der Versuch unternommen werden, diesen Aspekt in der folgenden Ana-

	lyse zu erheben.
• Profilpflege	Wer pflegt das Profil, nimmt Änderungen vor, löscht es ggf.? Forscher oder Administrator?
• Motivation zur Profilpflege	Wie erfolgt eine Motivation zur Profilpflege bzw. was ist die Motivation zur Profilpflege? Ansatzpunkte für die Analyse bilden hier z. B. im System gebotene „Bonbons" (z. B. Visualisierungen), die die Motivation des Forschers steigern, das Profil zu pflegen. Dieser Aspekt ist abzugrenzen von der persönlichen Motivation des Forschers zur Profilpflege, die im Rahmen der Analyse nicht erhoben werden kann.
Kriterien zur Bewertung des Umgangs mit Problemfeldern	
• Forscher mit Namensverwandten	Wie geht das System mit mehreren Forschern mit dem gleichen Namen um, wie gelingt hier beispielsweise eine eindeutige Zuordnung von Veröffentlichungen? Ziel ist die eindeutige Unterscheidung von Personen mit demselben Namen, ein weiteres Ziel ist in diesem Zusammenhang die korrekte Zuordnung der Veröffentlichungen.
• Forscher wechseln Namen bzw. verwenden unterschiedliche Namensformen	Wie geht das System damit um, wenn sich der Name eines Forschers ändert? Beispiel: Weizsäcker, Robert wird mal mit Umlaut, mal ohne geschrieben, mal wird ein Präfix vorangestellt, mal ist er Teil des Vornamens, mal wird „Freiherr" genutzt, mal Frh. Ein anderes Beispiel sind zwei Vornamen, mal werden beide Vornamen ausgeschrieben, mal nur der erste Vorname und der Zweite wird abgekürzt. Dann kann es auch noch passieren, das Name oder Vorname falsch geschrieben werden usw.
• Existenz mehrere IDs von einer Person	Wie geht das System damit um, wenn ein Forscher mehrere IDs hat. So kann eine Person mehrere IDs haben, um unterschiedliche Bereiche seines Schaffens zu trennen. Ein Beispiel wäre hier ein Forscher, der auch Kinderbücher schreibt. Kann das System über unterschiedliche Datenquellen- und –typen eine einheitliche Identität zuordnen?
• Datenschutz	Wie ist der Schutz der Privatsphäre, Schutz persönlicher Daten zu bewerten? (Sehr gut, gut, verbesserungsbedürftig)

Kriterien zur Bewertung der Erfüllung der Nutzeranforderungen	
• Unterstützung des Wunsches nach Selbstdarstellung	Möglichkeit Online-Identitäten mit Wiedererkennungswert aufzubauen, automatische Personalisierung.
• Unterstützung der Bequemlichkeit	Erleichterung der Nutzung von Systemen, die Autorisierung und Personalisierung erfordern, eine Benutzererkennung, ein Passwort (single sign on). Möglichkeit der Übertragung eines in einer Community aufgebauten Persönlichkeitsbildes auf andere Communities, viele Funktionen „unter einem Dach".
• Vertrauen, Vertraulichkeit	Sicherstellung, dass Unbefugte keine unerwünschten Inhalte ergänzen, Sicherstellung, dass Forscher nur ihre eigenen Publikationen angeben und sich nicht „mit fremden Federn schmücken". Zugang nur für ausgewählten Benutzerkreis
• Gruppierung von Kommunikationsteilnehmern und Äußerungen	Gruppenmechanismen, Sitzungen, Foren, etc.
• Benutzerfreundlichkeit	Nachvollziehbarkeit der Nutzung des Systems
• Hilfe beim Suchen und Finden (Push- und Pull-Dienste), bei Partizipation und Kooperation	Hilfe beim Auffinden von Literatur, Zugriff auf Quellen, Hilfe bei der Identifikation von führendem Wissen in der Wissenschaft, Hilfe bei Kooperation und Partizipation.
• Hilfestellung bei der Evaluation von Leistungen, Management von Expertise	Messung von Leistung und Einfluss der eigenen Leistungen, Bewertung eigener Forschungsaktivitäten im Vergleich zu anderen.
• Schutz persönlicher Daten und Schutz der Privatsphäre	Auch Schutz persönlicher Daten und Schutz der Privatsphäre sind Nutzeranforderungen. Dieser Punkt ist allerdings bereits in der Kriteriengruppe drei (unter „Datenschutz") eingeordnet, sodass er hier nicht nochmals aufgegriffen wird.

Tabelle 5: Vorläufiger Kriterienkatalog

Quelle: selbst erstellt

Schritt drei: Entwicklung einer Skalierung

Im Hinblick auf eine Skalierung ist an dieser Stelle zunächst anzumerken, dass zum einen nicht für jedes Kriterium eine sinnvolle Skalierung möglich ist. So kann z. B. im Hinblick auf den Betreiber keine sinnvolle Bewertung mit groß, mittel, klein bzw. voll erfüllt, teilweise erfüllt oder nicht erfüllt genutzt werden. Denn, wer der Betreiber ist, ist zunächst wertungsneutral. Aus diesem Grund werden für derartige Kriterien keine

Skalierungen genutzt. Für die übrigen Kriterien wird die folgende einfache dreistufige Skala genutzt:

- -1 = nicht erfüllt
- 0 = teilweise erfüllt
- +1 = voll erfüllt.

Die Nutzung dieser dreistufigen Skala wird gewählt, um für jedes Kriterium eine grobe Bewertung angeben zu können, die zunächst einen Überblick ermöglicht. Die Nutzung der Zahlenwerte dient lediglich der Vereinfachung der Darstellung und der Möglichkeit, in Übersichten die Bewertungen problemlos gegenüberstellen zu können, weitere Aussagen werden mit den Werten nicht verbunden.

Da eine solche Skalierung allerdings nur oberflächliche Aussagen zulässt, wird zusätzlich auf qualitative Beschreibungen für jedes Kriterium bei jedem nachfolgend analysierten System zurückgegriffen, die ausführlich die Ausprägung des Kriteriums beschreiben und die Bewertung begründen.

Die genannte dreistufige Skalierung wird in nachfolgender Tabelle in Bezug auf jedes Kriterium kurz erläutert und, soweit möglich anhand bestimmter Ausprägungen belegt.

Kriterien zur allgemeinen Charakterisierung des Systems	
Kriterium	*Erläuterung Skalierung*
Größe / Reichweite	Im Hinblick auf das Kriterium Größe bzw. Reichweite ist anzumerken, dass eine Skalierung mittels „voll erfüllt", „teilweise erfüllt" und „nicht erfüllt" keinen Sinn macht. Aus diesem Grund wird bei diesem Kriterium -1 als klein, 0 als mittel und +1 als groß interpretiert, wobei in Bezug auf vom Forscher selbst zu nutzenden Systemen auf Nutzerzahlen als Bewertungsmaßstab zurückgegriffen wird. • Groß (+1): mehr als 1 Million Nutzer, • Mittel (0): 100.000 bis 1 Million Nutzer, • Klein (-1): weniger als 100.000 Nutzer Im Hinblick auf Bibliothekssysteme stehen nicht die Nutzerzahlen, sondern die Anzahl der nutzenden Bibliotheken im Vordergrund: • Klein (-1) = wenige nutzende Bibliotheken (max. 10), • Mittel (0) = einige nutzenden Bibliotheken (51-30), • Groß (+1) = viele nutzende Bibliotheken (mehr als 30).

Betrei-ber	Eine Bewertung anhand der Skala ist in Bezug auf dieses Kriterium nicht sinnvoll, da Betreiber nicht mit voll erfüllt, teilweise erfüllt oder nicht erfüllt bewertbar sind. Auch eine Skalierung in groß, mittel klein scheint hier nicht sinnvoll.
Ausrichtung	Auch die Bewertung der Ausrichtung anhand einer Skala von voll erfüllt, teilweise erfüllt und nicht erfüllt ist nicht geeignet, da beispielsweise die Ausrichtung „Ökonomie" weder als voll erfüllt, teilweise erfüllt oder nicht erfüllt oder als groß, mittel, klein bewertet werden kann. Aus diesem Grund wird in Bezug auf dieses Kriterium vom Umfang der Ausrichtung ausgegangen, sodass sich folgende Bewertung ergibt: • Umfassende Ausrichtung (+1) = keine Beschränkung auf bestimmte Wissenschaftsbereiche • Eingegrenzte Ausrichtung (0) = Beschränkung auf eine bestimmte Anzahl von Wissenschaftsbereichen (zwei und mehr) • Stark begrenzte Ausrichtung (-1): Beschränkung auf nur einen Bereich)
Funktionsum-fang	• Voll erfüllt (+1) ist dieses Kriterium bei einem großen Funktionsumfang (mehr als 4 Funktionen). • Teilweise erfüllt (0): ein mittlerer Funktionsumfang (z. B. Identy Management und einige weitere Funktionen, max. 3). • Nicht erfüllt (-1): ein sehr geringer Funktionsumfang (z. B. nur Identy Management).
Zielsetzung/Anspruch	• Voll erfüllt (+1): Ist dieses Kriterium bei einer umfassenden Zielsetzung bzw. umfassenden Anspruch (mehr als zwei Ziele). • Teilweise erfüllt (0): Ist dieses Kriterium bei einem mittleren Anspruch (mindestens zwei Ziele). • Nicht erfüllt (-1): bei geringem Anspruch, wen wenig Zielen (nur ein Ziel) An dieser Stelle sei darauf hingewiesen, dass in Bezug auf eine Bewertung dieses Kriteriums mittels der genannten Skala, während der Analyse überprüft wird, ob eine derartige Bewertung sinnvoll ist. Ggf. lassen sich Zielsetzung/Anspruch nicht adäquat anhand der Skala bewerten. In diesem Fall wird ausschließlich auf eine qualitative Beschreibung dieses Kriteriums zurückgegriffen.

Kriterien zur Beschreibung der Funktionsweise des Systems	
Anmeldevorgang	Hier geht es in erster Linie darum, aufzuführen, welche Daten bei der erstmaligen Anmeldung relevant sind. Dennoch ist eine Bewertung nach dem Umfang des Anmeldevorgangs anhand der Skalierung durchaus möglich, wobei hier nicht von voll erfüllt, teilweise erfüllt und nicht erfüllt gesprochen werden soll, sondern eine Bewertung nach mehr oder weniger umfassend erfolgt: • Umfassender Anmeldevorgang (+1): Umfassende Datenabfrage (diverse Zusatzinformationen zusätzlich zu Name, Geburtsdatum, Adresse etc.). • Weniger umfassender Anmeldevorgang (0): Abfrage wesentlicher Daten (z. B. Name, Geburtsdatum sowie einige weitere) • Stark begrenzter Anmeldevorgang (-1): Beschränkung sehr wenige Daten (z. B. ausschließlich Name + Geburtsdatum)
Login	Hier geht es darum, aufzuführen, welche Daten beim Login erforderlich sind. Da dies vermutlich jeweils Benutzername und Kennwort sind, soll an dieser Stelle auf eine weiterführende Bewertung anhand der Skalierung verzichtet werden. Sollten sich im Laufe der Analyse anderer Erkenntnisse ergeben, so wird nachträglich eine Skalierung für dieses Kriterium eingeführt.
Verifizierung als Forscher	• Voll erfüllt (+1): Die Verifizierung als Forscher erfolgt eindeutig. • Teilweise erfüllt (0): Zur Verifizierung als Forscher wird auf eine einzelne Information zurückgegriffen (also beispielsweise die Zugehörigkeit zu einer Forschungsinstitution). • Nicht erfüllt (-1): Es erfolgt keine Verifizierung, relevante Informationen werden nicht verlangt.
Daten im Nutzerprofil	Hier geht es in erster Linie darum, aufzuführen, welche Daten sich im Nutzerprofil befinden (Mindestanforderungen, die einzugeben sind). Auch hier scheint trotzdem zusätzlich eine Bewertung nach dem Umfang der im Profil gespeicherten Daten möglich, wobei hier nicht von voll erfüllt, teilweise erfüllt und nicht erfüllt gesprochen werden soll, sondern auch hier eine Bewertung nach mehr oder weniger umfassend erfolgt: • Umfassende Daten im Nutzerprofil (+1): Diverse Daten im Profil, umfassende Informationen. (z. B. Name, Kontaktdaten, Lebenslauf, Foto, Alter, Interessen, Forschungsschwerpunkte, Veröffentlichungen sowie weitere Daten) • Weniger umfassende Daten im Profil (0): Wesentliche Daten sowie einige Zusatzinfos sind enthalten (z. B. Name, Kontakt, Veröffentlichungen, Lebenslauf) • Sehr wenige Daten im Profil (-1): Sehr knappes Nutzerprofil (z. B. Nur Name und Veröffentlichungen)

Autorisierung		• Voll erfüllt (+1): Die Zugriffsrechte sind vollumfänglich geregelt, das heißt, es gibt umfassende Regelungen zu diesem Aspekt. • Teilweise erfüllt (0) Zugriffsrechte sind teilweise geregelt, es gibt hier allerdings noch Lücken und Probleme. • Nicht erfüllt (-1): Zugriffsrechte sind nicht geregelt (es gibt keine).
Integration		Sofern die Informationen zu diesem Punkt ermittelbar sind: • Voll erfüllt (+1): Eine Integration wird in vollem Umfang unterstützt. • Teilweise erfüllt (0): Eine Integration wird zum Teil unterstützt. • Nicht erfüllt (-1): Eine Integration wird nicht unterstützt.
Profil-pflege		Dieses Kriterium, wer die Profilpflege vornimmt, also der Forscher selbst oder ein Administrator ist nicht geeignet, um mittels der Skalierung bewertet zu werden, da es hier lediglich um eine „Entweder-oder-Aussage" geht.
Motivation zur Profil-pflege		• Voll erfüllt (+1): Es gibt diverse Aspekte, die zur Profilpflege motivieren (Visualisierungen, Erinnerungen per E-Mail etc.) • Teilweise erfüllt (0): Es gibt wenige Aspekte, die zur Profilpflege motivieren. • Nicht erfüllt (-1): Es gibt keine Motivation zur Profilpflege.
Kriterien zur Bewertung des Umgangs mit Problemfeldern		
Forscher mit Namensverwandten		• Voll erfüllt (+1): Dem System gelingt problemlos die eindeutige Unterscheidung von Personen mit demselben Namen und eine eindeutige Zuordnung von Veröffentlichungen. • Teilweise erfüllt (0): Es gibt Lösungsansätze zur Unterscheidung von Personen und die eindeutige Zuordnung von Veröffentlichungen. • Nicht erfüllt (-1): Es gibt keine adäquaten Lösungsansätze für die Problematik.
Forscher wechseln Namen bzw. verwenden unterschiedliche Namensformen		• Voll erfüllt (+1): Dem System gelingt problemlos der Umgang mit unterschiedlich geschriebenen Namen. • Teilweise erfüllt (0): Es gibt Lösungsansätze zum Umgang mit unterschiedlich geschriebenen Namen. • Nicht erfüllt (-1): Es gibt keine adäquaten Lösungsansätze für die Problematik.
Existenz mehrere IDs von einer Person		• Voll erfüllt (+1): Dem System gelingt es problemlos mit mehreren IDs derselben Person umzugehen, es kann über unterschiedliche Datenquellen und –typen eine einheitliche Identität zuordnen. • Teilweise erfüllt (0): Es gibt Lösungsansätze zum Umgang mit mehreren IDs einer Person. • Nicht erfüllt (-1): Es gibt keine adäquaten Lösungsansätze für die Problematik.

Datenschutz	• Voll erfüllt (+1): Der Datenschutz ist umfassend erfüllt, der Schutz der Privatsphäre ist gewährleistet, persönliche Daten sind geschützt. • Teilweise erfüllt (0): Es gibt Ansätze für den Datenschutz, sie sind allerdings noch verbesserungswürdig. • Nicht erfüllt (-1): Es gibt keinen bzw. einen nur sehr mangelhaften Datenschutz.

Kriterien zur Bewertung der Erfüllung der Nutzeranforderungen

Unterstützung des Wunsches nach Selbstdarstellung	• Voll erfüllt (+1): Der Wunsch nach Selbstdarstellung wird voll unterstützt (es lassen sich Online-Identitäten mit Wiedererkennungswert, z. B. durch besondere Darstellungsmöglichkeiten o.Ä. aufbauen. • Teilweise erfüllt (0): Es gibt Ansätze für den Aufbau von Online-Identitäten mit Wiedererkennungswert, allerdings sind hier noch Erweiterungen bzw. Verbesserungen möglich. • Nicht erfüllt (-1): Die Möglichkeit des Aufbaus von Online-Identitäten ist mangelhaft.
Unterstützung der Bequemlichkeit	• Voll erfüllt (+1): Bequemlichkeit wird mittels verschiedener Aspekte umfassend unterstützt (single sign on und Übertragungsmöglichkeit eines aufgebauten Persönlichkeitsbildes auf andere Communities und ggf. weitere Ansätze). • Teilweise erfüllt (0): Unterstützung der Bequemlichkeit erfolgt, ist aber noch ausbaufähig (beispielsweise nur single sign on aber keine Übertragung des Persönlichkeitsbildes). • Nicht erfüllt (-1): Unterstützung der Bequemlichkeit ist mangelhaft (kein single sign on, keine Übertragung des Persönlichkeitsbildes).
Vertrauen, Vertraulichkeit	• Voll erfüllt (+1): Vertrauen und Vertraulichkeit sind umfassend sichergestellt (Unbefugte können keine unerwünschten Inhalte ergänzen, Forscher können nur ihre eigenen Publikationen angeben etc.). • Teilweise erfüllt (0): Vertrauen und Vertraulichkeit werden unterstützt, es gibt allerdings noch bestimmte Schwierigkeiten. • Nicht erfüllt (-1): Vertrauen und Vertraulichkeit sind nicht sichergestellt, es gibt erhebliche Lücken bzw. Problemfelder.
Gruppierung von Kommunikationsteilnehmern	• Voll erfüllt (+1): Eine Gruppierung von Kommunikationsteilnehmern und Äußerungen erfolgt, es werden diverse Ansätze dafür geboten (z. B. Sitzungen, Gruppenmechanismen und weitere). • Teilweise erfüllt (0): Gruppierung ist möglich, erfolgt allerdings nur mit einem einzelnen Ansatz (ggf. maximal 2). • Nicht erfüllt (-1): Keine Gruppierung möglich.

Benutzerfreund-lichkeit	• Voll erfüllt (+1): Die Systemnutzung ist problemlos, schnell und einfach nachvollziehbar, das System funktioniert selbsterklärend. • Teilweise erfüllt (0): Die Systemnutzung ist benutzerfreundlich, allerdings muss eine gewisse Zeit aufgewendet werden, um bestimmte Grundprinzipien nachvollziehen zu können. • Nicht erfüllt (-1): Das System ist nicht benutzerfreundlich, es ist schwierig zu verstehen, die Nutzung ist kompliziert und bedarf einer umfassenden Einarbeitung.
Hilfe beim Suchen und Finden	• Voll erfüllt (+1): Umfassende Hilfefunktionen in Bezug auf das Auffinden von Literatur, Quellenzugriff, Identifikation von führendem Wissen, bei Kooperation und Partizipation. • Teilweise erfüllt (0): Hilfe für ausgewählte Aspekte. • Nicht erfüllt (-1): Keine Hilfe.
Hilfestellung bei der Evaluation von Leistungen	• Voll erfüllt (+1): Leistungsmessung und Leistungsbewertung werden mittels verschiedener Aspekte unterstützt. • Teilweise erfüllt (0): Es gibt ein Tool für die Unterstützung der Leistungsmessung bzw. Leistungsbewertung. • Nicht erfüllt (-1): Leistungsmessung bzw. Leistungsbewertung werden nicht unterstützt.

Tabelle 6: Erläuterung der Skalierungen zu den einzelnen Kriterien

Quelle: selbst erstellt.

Schritt vier: Kontinuierliche Anpassung des Kriterienkatalogs

In diesem Schritt erfolgt eine kontinuierliche Überprüfung und Anpassung des Kriterienkatalogs. Zusätzliche Kriterien, die sich während der Analyse als nützlich erweisen und im vorläufigen Katalog nicht berücksichtigt wurden, werden eingepflegt. In der Analyse nicht sinnvoll nutzbare Kriterien werden entfernt.

Im Rahmen der Analyse wurde festgestellt, dass das Kriterium „Umgang mit mehreren IDs" einer Person nicht überprüfbar war, sodass es aus dem Kriterienkatalog entfernt werden musste.

3.3 Untersuchung ausgewählter Profildatenbanken anhand der entwickelten Kriterien

Im Rahmen dieser Arbeit sollen, wie einleitend dargelegt, Scholarly Identity Management Systeme analysiert und verglichen werden. Zu diesem Zweck ist in einem ersten Schritt zu klären, welche Systeme in die Analyse eingehen sollen und welche bewusst ausgeklammert werden.

Im Fokus der Arbeit stehen Systeme, die sich an Forscher richten. Aus diesem Grund werden in der folgenden Analyse nur solche Systeme betrachtet, die ihren Fokus auf Forscher richten. Auf an die Allgemeinheit adressierte Tools und Communities, wie LinkedIn oder Google Profiles wird verzichtet. Sie können zwar durchaus auch von Forschern zum Zwecke des Identitätsmanagements genutzt werden, weichen aber in ihrer Ausrichtung von rein Forscher-orientierten Diensten ab und werden deshalb nicht weiter betrachtet. Das heißt, ein wesentlicher Faktor für die Auswahl der zu analysierenden Systeme ist deren **Forschungsorientierung.**

Neben der Forschungsorientierung wird als weiterer Faktor für die Auswahl der Aspekt zugrunde gelegt, dass die zu analysierenden Systeme entweder in erster Linie oder aber als einen Bestandteil ein Identitätsmanagement bieten. Systeme, deren Zielsetzung andere Aspekte fokussieren, wie beispielsweise der Austausch von Präsentationen bei Slideshare und die nur als Nebenaspekt auch ein Identitätsmanagement ermöglichen, werden nicht berücksichtigt. Bibliothekssysteme, wie VIAF und GND, die sich auf wissenschaftliche Bibliotheken konzentrieren, werden explizit in die folgende Analyse eingeschlossen, da nach Ansicht des Verfassers bei wissenschaftlichen Bibliotheken durchaus von einer Ausrichtung auf Forscher und Forschung gesprochen werden kann. Daraus ergibt sich insgesamt als Faktor für die Auswahl eine **Fokussierung auf Identitätsmanagement** von Forschern.

Da es ein Ziel ist, die Vielfalt von derzeit existierenden Systemen herauszustellen und Unterschiede herauszuarbeiten sollen möglichst unterschiedliche Systeme betrachtet werden. Das heißt, Systeme, die sich in verschiedener Hinsicht (z. B. Motivation und Zielsetzung) sehr ähneln, wie z. B. RePEc-Author Services, IDEAS, Econ Papers, LogEC, CitEc, NEP werden als Gruppe betrachtet und nicht alle einzeln bewertet. Hier wird stellvertretend für eine Gruppe ähnlicher Systeme dann jeweils eines herausgegriffen und näher analysiert. Um der Anforderung der **Unterschiedlichkeit** bei der Auswahl der zu analysierenden Systeme gerecht werden zu können, ist diese Anforderung weiter zu spezifizieren. Als unterschiedlich werden nachfolgend Systeme betrachtet, die sich im Hinblick auf ihre **Zielgruppe** (hier alle Forscher aus allen Forschungsgebieten oder z. B. nur Wirtschaftswissenschaftler oder nur Naturwissenschaftler) unterscheiden. Des Weiteren sollen Systeme mit **unterschiedlichen Ansätzen,** also sowohl geschlossene Systeme (z. B. VIAF/GND), die von Dritten (hier. Bibliothekare und Bibliothekarinnen), als auch offene Systeme (z. B. Research Gate), in denen Forscher ihre Profile selbst pflegen, Berücksichtigung finden.

Als letzter Aspekt im Hinblick auf die Unterschiedlichkeit soll die **Größe** Berücksichtigung finden, wobei der Aspekt der Größe über die Mitgliederzahlen bestimmt werden soll. Das heißt, es werden sowohl Systeme, die etabliert sind und sehr viele Mitglieder aufweisen als auch kleinere Systeme mit (noch) wenigen Nutzern betrachtet. Dabei ist zu beachten, dass die Beurteilung dieses Aspekts in Bezug auf die Bibliotheksdatenbanken u.U. schwierig sein kann, da die Personen, die die Daten eingeben, nicht mit den Personen identisch sind, deren Daten erfasst werden. Zudem sind in Normdateien nicht nur Forscher, sondern auch andere Daten enthalten. Dementsprechend soll in Bezug auf die Bibliothekssysteme Größe nicht als Umfang der Datensätze, sondern als Reichweite, also im Hinblick auf die Anzahl der nutzenden Bibliotheken verstanden werden.

Es wird bewusst darauf verzichtet, Systeme zu betrachten, die einen Länderfokus aufweisen. Das heißt Systeme, wie LATTES, dass sich an alle brasilianischen Forscher richtet, werden nicht berücksichtigt. Da Forschung immer internationaler wird und mehr und mehr Ländergrenzen überschreitet, scheint eine Analyse von stark begrenzten Systemen nicht zielführend.

Ein weiterer Faktor, der bei der Auswahl der zu analysierenden Systeme herangezogen werden soll, ist die **Verfügbarkeit** von Informationen zum jeweiligen System. In diesem Zusammenhang geht es darum, insbesondere solche Systeme zu betrachten, zu denen zusätzlich zu den Informationen, die das jeweilige System auf der entsprechenden Webseite liefert, nach Möglichkeit weiterführende Informationen in der Literatur und/oder im Internet verfügbar sein sollten. Dadurch sollen die in der Analyse gewonnen Erkenntnisse untermauert werden, um auf diese Weise zumindest in gewisser Weise dem Kritikpunkt der Subjektivität von Kriterienkatalogen etwas entgegenzuwirken.

Vor dem Hintergrund der genannten Faktoren für die Auswahl der Systeme ergibt sich folgende Liste von Scholarly Identity Management-Systemen, die analysiert werden soll:

- RePEc-Author Service (RAS), stellvertretend für weitere RePEc-Systeme, wie IDEAS, Econ Papers, LogEC, CitEc, NEP sowie stellvertretend für ein an

Ökonomen gerichtetes Netzwerk. Hier liegen einige weiterführende Informationen zum System[85] vor.

- Nature-Network, stellvertretend für an Naturwissenschaftler gerichtete Systeme. Auf die Darstellung weiterer Systeme, die sich nur auf einen oder wenige Forschungsbereiche konzentrieren, wie PubMed Author ID oder ArXiv wird verzichtet.

- VIAF stellvertretend für bibliothekarische Systeme mit GND als nationaler Normdatei als zugrunde liegendes produktives System. VIAF steht stellvertretend für weitere Systeme, wie RAMEAU, NACO etc.

- ResearchGate stellvertretend für ein stark boomendes, großes System mit vielen Nutzern. Es steht stellvertretend für Austauschsysteme. Weiterführende Informationen zu diesem System[86] liegen vor.

- Mendeley stellvertretend für ein sich schnell entwickelndes und boomendes Bibliografie-Tool mit sehr umfassender Funktionalität, weiterführende Informationen zu diesem System[87] liegen vor.

- ORCID wird vielfach in der Literatur erwähnt, aufgrund dessen lässt sich eine starke Beachtung und Bedeutung des Systems ableiten, sodass es ebenfalls Berücksichtigung finden soll. Es liegen diverse zusätzliche Quellen[88] vor.

3.3.1 RePEc Author Services (RAS)

3.3.1.1 Kurzbeschreibung

Den Mittelpunkt des Projektes bildet eine dezentrale bibliografische Datenbank von Arbeitspapieren, Zeitschriftenartikeln, Büchern, Buchkapiteln und Software-Komponenten. Die gesammelten Daten werden in diversen Services genutzt. Einer davon ist RePEc Author Service.[89]

Grundlage des RePEC Author Service ist RePEc. Die Abkürzung RePEc steht für "**Re**search **P**apers in **Ec**onomics". RePEc ist eine gemeinschaftliche Bemühung von Hunderten Freiwilligen aus mehr als 75 Ländern, die die Ausbreitung wirtschaftswissenschaftlicher Forschung und verwandter Gebiete fördern wollen.[90]

---

[85] Vgl. z. B. Weiland, 2008.
[86] Vgl. z. B. Lugger, 2012.
[87] Vgl. z.B. Lugger, 2011; Lugger, 2012a.
[88] Vgl. z.B. Fenner, 2011.
[89] Vgl. RePec, o.J., o.S.
[90] Vgl. RePec, o.J., o.S.

Das RePEc-Projekt hat zwei wesentliche Zielsetzungen:[91]

1. Erstellung einer nach Möglichkeit vollständige Beschreibung der wirtschafts-wissenschaftlichen Disziplin anhand relevanter Literatur. Sicherstellung dieser Beschreibung/Literatur im Internet (bibliothekarisches Ziel).

2. Uneingeschränkter Zugang zu wirtschaftswissenschaftlichen Ressourcen im Internet für Nutzer.

Um diese Ziele umzusetzen, wurde eine Architektur entwickelt, bei der dezentrale Informationen eine Datenschicht bilden, aus der eine gemeinsame Datenbasis ge-schaffen wird (Umsetzung der ersten Zielsetzung). Auf der Grundlage dieser Daten-basis können auf einer darauf aufsetzenden Dienstschicht weitere Nutzerdienste entwickelt werden, die gemäß der zweiten Zielsetzung einen Zugang zur Datenbasis ermöglichen. Bei RePEc werden Datenhaltung und Dienste logisch getrennt. Auf-grund der dezentralen Datensammlung wird eine Robot-Software genutzt, die die Daten von den einzelnen Archiven abfragt und so eine logische Verbundenheit her-stellt. Dadurch erscheinen die Archive als eine Datenbasis. Damit ein Archiv ein-wandfrei indexierbar ist, muss es zum einen gemäß der Vorgaben des RePEc-Protokolls aufgebaut sein. Zum anderen müssen die Dokumente des Archivs nach ReDIF (Resource Description Information Format) beschrieben sein. Zudem sorgt die Architektur dafür, dass sich die teilnehmenden Archive gegenseitig spiegeln. Dadurch soll ein hohes Maß an Verfügbarkeit gesichert werden. Diese Spiegelung erfolgt anhand standardisierter Perl-Skripte. Diese sind auf jedem Archiv installiert.[92]

In Bezug auf die Nutzerdienste lässt sich interessanterweise feststellen, dass es kei-nen offiziellen RePEc-Dienst gibt. Stattdessen existieren diverse fremd entwickelte Dienste mit sehr unterschiedlichen Zielsetzungen. Bei einem dieser Dienste handelt es sich um den nachfolgend zu analysierenden RePEc Author Service.[93]

RePEc Author Service hat das Ziel, Ökonomen und ihre Forschungsergebnisse in der RePEc bibliografischen Datenbank zu vernetzen. Das System ermöglicht es, Kontakt-Details eines Autors zu verfolgen, auch wenn er bzw. sie umzieht. Es bietet den Aufbau eines Profils, das alle identifizierbaren Arbeiten beinhaltet. Autorenprofile können durch die Beschreibung jeglicher Arbeit, die ein Autor für sich in Anspruch nimmt, gefunden werden. Es ist mit diesem System möglich, die Arbeiten von Perso-

---

[91] Vgl. Hagenoff/Seidenfaden/Ortelbach/Schuhmann, 2007, S. 72f.
[92] Vgl. Hagenoff/Seidenfaden/Ortelbach/Schuhmann, 2007, S. 74.
[93] Vgl. Hagenoff/Seidenfaden/Ortelbach/Schuhmann, 2007, S. 74f.

nen mit gleichlautenden Namen (homonymen Namen) voneinander abzugrenzen. Der Autor erhält über RePEc Author Service Statistiken über Downloads und neue Zitationen. Die in diesem System gesammelten Daten werden für unterschiedliche Rankings im Bereich Wirtschaft und Finanzen genutzt. Zudem können die Berechtigungen, die in RePEc Author Service kreiert wurden, auch für andere RePEc Services, wie IDEAs genutzt werden.[94] Die folgende Abbildung zeigt einen Ausschnitt aus der Startseite von RePEc Author Services.

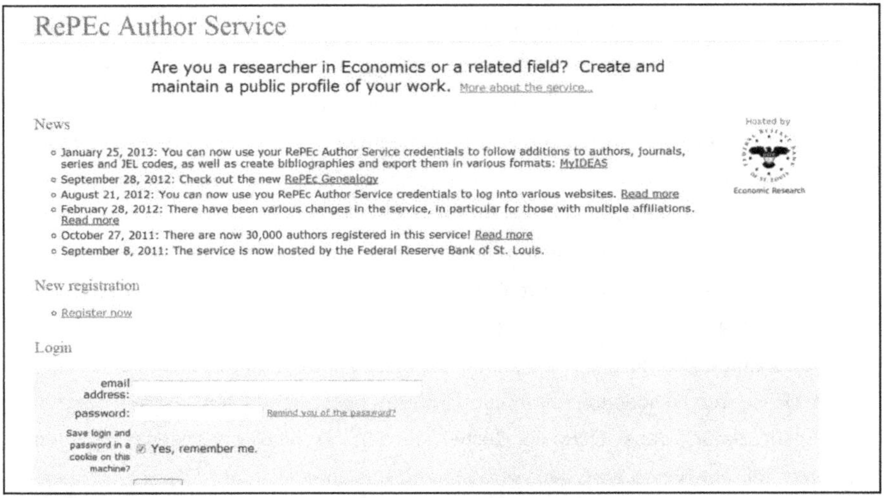

Abbildung 2:   Startseite RePEc Author Service
Quelle: RePEc Author Service, o.J., o.S.

RAS basiert auf Daten, die durch das „RePEc bibliographic database" gesammelt wurden. Daten werden mittels Harvesting von Repositories gesammelt. Die Repository Betreiber stellen Daten über die OAI-Schnittstelle des Repositories für das Harvesting zur Verfügung. Die ursprüngliche Entwicklung der dem Service zugrunde liegenden Software erfolgte durch ein Open Society Projekt, das durch das ACIS Project gefördert wurde. Heute erfolgt das Service-Hosting durch die „Economic Research Division" der Federal Reserve Bank of Saint Louis.[95]

Es ist zu beachten, dass der Service keinen Zugriff auf Dokumente und Daten erlaubt. Allerdings sind alle RePEc-Daten ohne Registrierung frei verfügbar auf IDEAS

---

[94] Vgl. RePEc Author Service ("The Service"), o.J., o.S.
[95] Vgl. RePEc Author Service ("The Service"), o.J., o.S; Weiland (2008).

und ECONPapers. Des Weiteren ist auch die Vorlage von Dokumenten möglich. Wenn ein Autor die Autorenschaft an einem Dokument festlegen will, so muss er aus einer Datenbank mit Dokumenten wählen, er kann kein neues Dokument einfügen. Der Ablauf gestaltet sich im Einzelnen so, dass ein neuer Text mit dem Namen eines Autors, der bei RePEc erscheint, an allen Autoren dieses Namens per E-Mail gesendet wird. Die Personen, die die Mail erhalten, haben dann die Möglichkeit, „abzuhaken", ob sie der tatsächliche Verfasser sind oder nicht. Des Weiteren ist eine Auflistung registrierter Personen oder die Möglichkeit der Suche nach ihnen nicht gegeben. Hierzu müssen die weiteren RePEc Services, wie EconPapers oder IDEAS genutzt werden.

3.3.1.2 Kriteriengeleitete Analyse

In diesem Abschnitt geht es nun darum RePEc Author Service (RAS) anhand des im Kapitel 3.2 entwickelten Kriterienkatalogs zu analysieren. Zu diesem Zweck wird die Ausprägung jedes Kriteriums beim RePEc Author Service zunächst kurz qualitativ beschrieben, um anschließend daran eine Einordnung gemäß der zugrunde liegenden Skalierung vorzunehmen. Dieses Vorgehen wird bei allen anderen analysierten Systemen ebenfalls gewählt.

Allgemeine Charakterisierung des Systems

In RAS sind aktuell ca. 30.000 Autoren registriert. [96] In Bezug auf die **Größe** kann also von einem eher kleinen System gesprochen werden kann. Gemäß der Skalierung dieses Kriteriums (vgl. Kapitel 3.2, Tabelle 6) erfolgt somit eine Bewertung mit -1 (klein).[97]

Betreiber des Systems ist die Forschungsabteilung der Federal Reserve Bank of St Louis. Es handelt sich hier also um ein Unternehmen als **Betreiber.** [98]

RAS richtet sich an Ökonomen und Wissenschaftler aus verwandten Gebieten. [99] Die **Ausrichtung** des Services kann somit als stark begrenzt beurteilt werden, da sie sich auf nur einen Bereich richtet. Somit ergibt sich gemäß der eingeführten Skalierung (vgl. Tabelle 6) eine Bewertung mit -1.

---

[96] Vgl. RePEc Author Service ("News"), o.J., o.S.
[97] Vgl. RePEc Author Service ("News"), o.J., o.S.
[98] Vgl. RePEc Author Service ("News"), o.J., o.S.
[99] Vgl. RePEc Author Service ("News"), o.J., o.S.

Der **Funktionsumfang** bei RePEC Author Service umfasst einige Aspekte (vgl. dazu auch die Ausführungen in der Kurzbeschreibung des Systems). Beispiele sind das Erstellen von Autorenprofilen oder Auffinden von Autorenprofilen anhand von Beschreibungen. Im Vergleich mit einigen anderen analysierten Systemen (vgl. dazu z. B. ResearchGate, Mendeley) ist der Funktionsumfang allerdings als „mittel" zu bewerten. Deshalb erfolgt eine Bewertung dieses Kriteriums mit „teilweise erfüllt" (0).

"The RePEc Author Service aims to link economists with their research output in the RePEc bibliographic database."[100] Als Hauptziel des Systems wird also die Vernetzung von Ökonomen in der RePEc-Datenbank genannt. Weitere **Ziele** werden auf der Homepage von RAS nicht angegeben. Die Zielsetzung ist somit nicht sehr umfassend, sodass sich hier eine Bewertung mit -1 ableiten lässt.

Bewertung der Funktionsweise des Systems

Der **Anmeldevorgang** bei erstmaliger Registrierung umfasst insgesamt sechs Schritte. Der erste mit „Main" bezeichnete Schritt fragt die folgenden Daten anhand einer Eingabemaske ab:[101]

- Login-Details:
  - E-Mail Adresse (Pflichtfeld).
  - Eine Ankreuzmöglichkeit, mit der festgelegt wird, ob das System die E-Mail-Adresse im öffentlichen Profil anzeigen soll.
  - Passwort (mindestens sechs Buchstaben) und Passwortbestätigung (Pflichtfelder).
  - Eine Ankreuzmöglichkeit, ob das Passwort und die E-Mail-Adresse für einen automatischen Login vom Computer des Nutzers gespeichert werden soll (Cookie).
- „Your Name" (hier wird darauf hingewiesen, dass keine Titel genutzt werden sollen):
  - Erster Vorname (Pflichtangabe).
  - Zweiter Vorname (optional).
  - Familienname (Pflichtfeld).
  - Auswahlmöglichkeit für Namenszusätze (z. B. SR, JR, II, III, IV, V).
- „Other"

---

[100] Vgl. RePEc Author Service („The Service"), o.J., o.S.
[101] Vgl. RePEc Author Service („Introduce yourself"), o.J., o.S.

- Datum (für Identifikationszwecke).
- Homepage des Nutzers (optional).

Der zweite Schritt befasst sich mit dem Namen des Autors und möglichen Variationen dieses Namens. Das System zeigt mögliche Variationen des Namens an (z. B. Hans Müller; Müller, Hans; H. Müller; Müller, H. und bietet die Möglichkeit weitere Variationen des Namens zu ergänzen (maximal vier weitere).[102]

Im dritten Schritt („Affiliations") geht es um die Zuordnung zu einer Organisation. Sofern, das System keine Zuordnung zu einer Organisation ermitteln kann, gibt es die Möglichkeit in einem Feld entweder den Namen der Organisation oder einer Stadt einzugeben und mittels eines Buttons („Find") diese suchen zu lassen. Das System erstellt daraufhin eine Liste mit möglichen Institutionen, aus der die richtige ausgewählt und mittels eines „Add-Buttons" hinzugefügt werden kann. Ist es nicht möglich, die Institution zu finden, so kann alternativ eine neue Institution zur Datenbasis hinzugefügt werden.[103]

Im vierten Schritt steht das Forschungsprofil des Autors im Mittelpunkt. Hier kann entweder anhand einer automatischen Suche nach Arbeiten gesucht werden. Wenn diese Suche keine Ergebnisse liefert, gibt es zusätzlich eine manuelle Suche, mit der entweder anhand von Titel oder Autor/Herausgeber nach Arbeiten gesucht werden kann. Damit eine Arbeit hinzugefügt werden kann, muss diese in der Datenbank des Systems vorhanden sein, der Nutzer kann an dieser Stelle keine eigenen Ergänzungen vornehmen. Es wird allerdings darauf hingewiesen, dass es möglich ist, in MPRA Arbeiten einzugeben, was zu einer Integration der Arbeit in RePEC führen würde.[104]

Im fünften Schritt „Confirmation E-Mail" steht die Bestätigung der E-Mail-Adresse im Fokus. In diesem Schritt wird vom System eine Bestätigungs-Email versendet, in der ein Link vorhanden ist, der angeklickt werden muss, um die Registrierung abzuschließen.[105] In der Mail wird die Zielsetzung von RAS kurz vorgestellt. Zudem wird kurz erläutert, welche Gründe es geben kann, warum derzeit keine Arbeiten des Autors im System zu finden sind (vgl. dazu den folgenden Ausschnitt aus der E-Mail.

---

[102] Vgl. RePEc Author Service („Names"), o.J., o.S.
[103] Vgl. RePEc Author Service („Affiliations"), o.J., o.S.
[104] Vgl. RePEc Author Service ("Research Profile"), o.J., o.S.
[105] Vgl. RePEc Author Service („Confirm"), o.J., o.S.

We notice that you did not link to any works. There can be two reasons:

1) You registered only to get access to password protected online texts. Registering with the RePEc Author Service is useless for this, you need to register with the sites providing those texts, not RePEc. In such a case, there is no point in registering with RePEc, unless want to use a RePEc service requiring authentication like MyIDEAS <http://ideas.repec.org/cgi-bin/myideas.cgi>

2) You did not find any works of yours. This may be because the institutions where you publish do not yet participate in RePEc. Encourage them to do so. See <http://repec.org/>. Or is it that your name may appear with different spellings? In that case, you can confirm now, login and add alternative name spellings to your name variations before performing a new search.

Abbildung 3: Ausschnitt der „Confirmation E-Mail" von RAS
Quelle: RePEC Author Service

Im sechsten Schritt ("Ready") wird die Registrierung abgeschlossen. Der Autor muss hier E-Mail und Passwort eingeben und auf „Login" klicken und gelangt dann zu seinem Profil.[106]

Der Anmeldeprozess ist sehr umfassend und wird deshalb an dieser Stelle mit +1 bewertet.

Für einen **Login** sind E-Mail-Adresse und Kennwort erforderlich.

Die **Verifizierung als Forscher** erfolgt über eine Abfrage der Organisation, zu der ein Autor gehört. Indirekt kann u.U. auch von einer Verifizierung über die vorhandenen Arbeiten der Person ausgegangen werden, da das System automatisch Arbeiten in seinem Datenbestand sucht, die dem Namen des Autors zugeordnet werden können. Es ist allerdings festzustellen, dass es auch Personen möglich ist, sich im System anzumelden, ohne, dass sie tatsächlich Forscher sind. Da die Verifizierung als Forscher im Anmeldevorgang ausschließlich direkt über die Abfrage der Institution erfolgt, der eine Person angehört, wird gemäß der in Tabelle sechs festgelegten Skalierung hier eine Bewertung mit 0 (teilweise erfüllt) vorgenommen.

Die **Daten im Nutzerprofil** umfassen:[107]

- Name
- Kontakt

[106] Vgl. RePEc Author Service („Ready"), o.J., o.S.
[107] Vgl. RePEc Author Service („Profile"), o.J., o.S.

- Mitgliedschaft/Zugehörigkeit zu einer Institution/Organisation
- Forschung
- Zitationen durch andere Forscher
- Überblick

Die Daten im Nutzerprofil sind vergleichsweise knapp, so sind beispielsweise weder Foto noch Lebenslauf enthalten. Aus diesem Grund wird dieser Aspekt mit 0 (weniger umfassende Daten) bewertet. [108]

Im Hinblick auf die **Autorisierung**, die im Kriterienkatalog als die Regelung von Zugriffsrechten auf Ressourcen verstanden wird, ist anzumerken, dass RAS keinen Zugriff auf passwortgeschützte Online-Ressourcen ermöglicht. Dementsprechend erfolgt hier eine Bewertung mit voll erfüllt (+1).[109]

Im Hinblick auf die **Integration** bestehender Daten in das System ist auszusagen, dass RAS auf Daten der RePEc-Datenbank zurückgreift und diese auch für die Profilerstellung genutzt werden. Weitere Integrationsansätze waren nicht feststellbar. Das Kriterium wird deshalb mit „teilweise erfüllt" (0) bewertet.

Die **Profilpflege** liegt in der Verantwortung des Nutzers. Alle Aspekte können vom Nutzer selbstständig geändert werden.[110]

Als **Motivation zur Profilpflege** kann insbesondere ein Aspekt gewertet werden. So wird von RAS einmal im Monat eine E-Mail versendet, die sich auf die Popularität der Arbeit des Autors bei RAS bezieht. Eine solche Mail erinnert den Nutzer an sein Profil und kann damit unter Umständen zur Aktualisierung des Profils motivieren.[111] Des Weiteren erhält der Nutzer über RAS Statistiken über Downloads und neue Zitationen. [112] Demnach erfolgt die Bewertung dieses Kriteriums mit +1 (voll erfüllt).

Bewertung des Umgangs mit Problemfeldern

Im Hinblick auf die Differenzierung von unterschiedlichen Forschern mit gleichem Namen **(Kriterium Forscher mit Namensverwandten)** lässt sich feststellen, dass in der Beschreibung des Services auf der RAS-Seite angegeben wird, dass Arbeiten

---

[108] Vgl. RePEc Author Service („Profile"), o.J., o.S.
[109] Vgl. RePEc Author Service ("E-Mail"), 2013, o.S.
[110] Vgl. RePEc Author Service („Profile"), o.J., o.S.
[111] Vgl. RePEc Author Service ("E-Mail"), 2013, o.S.
[112] Vgl. RePEc Author Service ("The Service"), o.J., o.S.

von Personen mit gleichlautenden Namen voneinander abgegrenzt werden.[113] Leider ist nicht feststellbar, auf welche Weise genau diese Abgrenzung erfolgt. Ggf. geschieht dies durch die technische Umsetzung des Systems. Diese lässt sich allerdings anhand der hier durchgeführten Analyse (Test des Systems als Nutzer) nicht näher untersuchen und auch in der Literatur konnten dazu keine weiterführenden Aussagen identifiziert werden. Da aber die Abgrenzung und die eindeutige Zuordnung von Veröffentlichungen auf der Startseite von RAS betont wird, soll hier von einer Erfüllung des Kriteriums im vollem Umfang (+1) ausgegangen werden.

In Bezug auf das Kriterium **"Forscher wechseln Namen bzw. verwenden unterschiedliche Namensformen"** kann ausgesagt werden, dass im Anmeldevorgang die Möglichkeit besteht, für den eigenen Namen unterschiedliche Schreibweisen/Variationen anzugeben (vgl. dazu die Ausführungen zum Anmeldevorgang in diesem Kapitel). Somit nutzt das System einen Ansatz für den Umgang mit dem Problemfeld des Namenswechsels bzw. der Verwendung unterschiedlicher Namensformen. Auf diese Weise ist es dem System problemlos möglich, mit verschiedenen Namensvarianten umzugehen, sodass dieses Kriterium mit +1 (voll erfüllt bewertet wird).

Der **Datenschutz** scheint in RAS umfassend erfüllt zu sein. Zum einen wird im Rahmen der Beschreibung des Systems und den Angaben zum Datenschutz ausgeführt, dass der Schutz persönlicher Daten sichergestellt ist. Der Datenschutz unterliegt des weiteren den Richtlinien des Betreibers (der Forschungsabteilung der Federal Bank of St. Louis).[114] Zudem konnte mittels Selbstversuch festgestellt werden, dass es nicht möglich war, auf vertrauliche Daten anderer Personen zuzugreifen. Der Datenschutz wird demnach mit +1 (voll erfüllt) bewertet.

Bewertung der Erfüllung der Nutzeranforderungen

Zur **Unterstützung des Wunsches nach Selbstdarstellung** ist in Bezug auf RAS festzuhalten, dass es sich um ein System handelt, das sich ausschließlich auf die Profilerstellung fokussiert. Es kann ein Profil mit den wesentlichen Daten (vgl. dazu die Angaben zum Profilinhalt in diesem Kapitel) erstellt werden. Besondere Darstellungsmöglichkeiten, die den Wiedererkennungswert unterstützen, sind allerdings nicht gegeben. Dieses Kriterium wird demnach mit 0 (teilweise erfüllt bewertet).

---

[113] Vgl. RePEc Author Service ("The Service"), o.J., o.S.
[114] Vgl. RePEc Author Service ("The Service"), o.J., o.S.; RePEc Author Service (Privacy Policy"), o.J., o.S.

Die **Unterstützung der Bequemlichkeit** kann bei RAS darin gesehen werden, dass das System mit anderen RePEc-Services (z. B. MyIDEAS) zusammenarbeitet und die Zugangsdaten dort auch verwendet werden können. Von einer umfassenden Unterstützung der Bequemlichkeit kann hier allerdings nicht gesprochen werden, da diese noch ausbaufähig ist (z. B. umfassende Übertragungsmöglichkeiten des aufgebauten Persönlichkeitsbildes auf andere Communities, Erweiterung um zusätzliche Funktionen), sodass eine Bewertung mit 0 (teilweise erfüllt) erfolgt.[115]

Vertrauen bzw. Vertraulichkeit wird von RAS sichergestellt. Es ist nicht möglich unerwünschte Inhalte zu ergänzen. Forscher können ihre Publikationen nicht selbst eingeben, sondern nur aus den in der Datenbasis vorhandenen Arbeiten des Systems auswählen, sodass auch die Eingabe von Arbeiten, die nicht vom Nutzer selbst erstellt wurden, im System direkt nicht möglich ist. Die Bewertung dieses Kriteriums erfolgt somit mit +1.[116] Ggf. kann eine Angabe von nicht selbst erstellten Arbeiten über Umwege (z. B. über MPRA) erfolgen. Allerdings konnte dies in der Analyse nicht abschließend festgestellt werden.

Eine **Gruppierung von Kommunikationsteilnehmern/Äußerungen** erfolgt in RAS nicht. Das Kriterium wird deshalb mit -1 (nicht erfüllt) gewertet.

Die Nutzung von RAS ist äußerst **benutzerfreundlich**. Der Anmeldevorgang ist problemlos verständlich und schnell durchführbar. Das System führt durch die Anmeldung und es gibt diverse Hilfeangebote und Informationen. Das Profil wird automatisch aus den Anmeldedaten generiert. Die Profilpflege ist selbsterklärend, ohne Problem verständlich und schnell durchführbar.[117] Das Kriterium der Benutzerfreundlichkeit wird mit +1 (voll erfüllt) bewertet.

Hilfe beim Suchen und Finden sowie bei Partizipation und Kooperation wird von RAS nicht unterstützt, da mit RAS nur ein Profil aufgebaut werden kann. Die Unterstützung beim Suchen und Finden erfolgt über mit RAS verbundene Services (IDEAS, EconPapers und Socionet), nicht in RAS direkt.[118] Das Kriterium wird deshalb mit -1 bewertet.

---

[115] Vgl. RePEc Author Service ("News"), o.J., o.S.; . RePEc Author Service ("The Service"), o.J., o.S.
[116] Vgl. RePEc Author Service ("Research Profile"), o.J., o.S.
[117] Vgl. RePEc Author Service („Introduce yourself"), o.J., o.S; RePEc Author Service („Profile"), o.J., o.S.; RePEc Author Service ("Research Profile"), o.J., o.S.
[118] Vgl. RePEc Author Service („E-Mail), 2013, o.S.

Hilfestellung bei der Evaluation von Leistungen erfolgt bei RAS durch die Zusendung einer Mail, in der die Popularität der Arbeit des Nutzers auf den verbundenen Services (IDEAS etc.) angegeben wird. Darüber hinaus bietet das System Zitationsanalysen für den Nutzer.[119] Das Kriterium wird deshalb mit „voll erfüllt" (+1) bewertet.

3.3.2 Nature Network

3.3.2.1 Kurzbeschreibung

Nature Network ist eine professionelle Webseite für das Networking von Naturwissenschaftlern. Es handelt sich um eine Art „Online-Treffpunkt". Nature Network bietet Naturwissenschaftlern die Möglichkeit, miteinander in Kontakt zu treten und Ideen zu teilen und zu diskutieren. Des Weiteren kann die Community von Nature Network nach Antworten auf naturwissenschaftliche Fragen gefragt werden und es kann die eigene Expertise zur Problemlösung angeboten werden. Zu diesem Zweck gibt es auf „Nature Network" u.a. Foren, Gruppen und Blogs. Zudem bietet Nature Network einen „Workbench" (eine Art Online-Arbeitstisch"), auf dem der Nutzer seine „Online-Naturwissenschaftstools" bzw. Widgets anordnen kann. Auf diesem Arbeitstisch können die wichtigsten Tools und Informationen vom Nutzer so angeordnet werden, wie es für die Person am besten ist. Eine weitere Möglichkeit, die Nature Network bietet, ist Interaktion auf einem lokalen Level. Hier können lokale Neuigkeiten diskutiert werden, Jobs gesucht werden oder Events in der Nähe gesucht werden. Zu diesem Zweck gibt es sogenannte „Local City Hubs".[120]

Alle Features von Nature Network sind frei nutzbar. Um alle Aspekte von Nature Network nutzen zu können, muss lediglich ein Nutzerprofil erstellt werden. Dieses Nutzerprofil berechtigt auch zur Nutzung eines Accounts bei „Nature.com"[121]

Nature Network gehört zur Nature Publishing Group (Macmillan Publishing Limited), die unter anderem das Magazin „Nature" sowie 80 weitere Zeitschriften publiziert sowie diverse Online-Services (z. B. Nature Jobs, Nature Events) bietet.[122]

---

[119] Vgl. RePEc Author Service („E-Mail"), 2013, o.S.; RePEc Author Service ("The Service"), o.J., o.S.
[120] Vgl. Nature Network (2013) („About"), o.S.
[121] Vgl. Nature Network (2013) („About"), o.S.
[122] Vgl. Nature Network (2013) („About"), o.S.

Folgende Abbildung zeigt die Startseite von Nature Network.

Abbildung 4:   Startseite Nature Network

Quelle: Nature Network („Home"), 2013, o.S.

3.3.2.2 Kriteriengeleitete Analyse

Allgemeine Charakterisierung des Systems

Nature Network hat aktuell ca. 25.000 Nutzer.[123] Die **Größe** des Systems wird somit als eher klein bewertet (-1).

Betreiber von Nature Network ist die Macmillan Publishing Limited, die als „Nature Publishing Group" firmiert.[124] Betreiber ist damit ein Unternehmen.

Nature Network richtet sich an Naturwissenschaftler.[125] Da Naturwissenschaften mehrere Bereiche umfassen, wird nicht von einer stark begrenzten, sondern von einer eingegrenzten **Ausrichtung** ausgegangen und das Kriterium mit 0 bewertet.

Nature Network bietet einen erheblichen **Funktionsumfang**. Neben der Profilerstellung und Profilpflege können Kontakte gemanagt werden, es kann an Gruppen teilgenommen werden und neue Gruppen können initiiert werden. Des Weiteren können die Nutzer an Foren teilnehmen bzw. neue Foren starten, Blogs nutzen und an einem

---

[123] Vgl. Nature Network, 2013, („Home"), o.S.
[124] Vgl. Nature Network, 2013, („About"), o.S.; Nature Publishing Group, 2009, ("Privacy"), o.S.
[125] Vgl. Nature Network, 2013 („About"), o.S.

sogenannten „Hub" teilnehmen, Fragen stellen und Antworten geben. Zudem kann ein personalisierter „Arbeitstisch" eingerichtet werden.[126] Aufgrund dieses erheblichen Funktionsumfangs wird dieses Kriterium als „Vollerfüllt (+1) gewertet.

Zielsetzung von Nature Network ist professionelles Networking von Naturwissenschaftlern. Neben Profilpflege geht es auch um Kommunikation, Unterstützung von Zusammenarbeit und Ideenaustausch. *„We recognize that the web is a powerful medium not just for disseminating scientific information, but also for building communities and providing an interactive forum for exchange of ideas."*[127] Dementsprechend wird die Zielsetzung von Natur Network als umfassend betrachtet und das Kriterium wird mit „voll erfüllt (+1) bewertet.[128]

Bewertung der Funktionsweise des Systems

Der **Anmeldevorgang** (erstmalige Anmeldung) erfordert die Eingabe folgender Daten:[129]

- E-Mail-Adresse.
- Passwort (mindestens sechs Zeichen) und Passwortbestätigung.
- Name, Vorname.
- Beruf.
- Auswahl eines Fachgebietes aus einer vorhandenen Liste.
- Eingabe von zwei angezeigten Worten in ein Feld, um sicherzustellen, dass die Person, die sich registriert eine reale Person ist und kein Programm.
- Ankreuzen der Zustimmung zu den Nutzungsbedingungen.

Nach Anklicken von „Continue" zeigt das System an, dass eine E-Mail an die angegebene Adresse versendet wurde. In dieser E-Mail findet sich ein Link, der angeklickt werden muss, um die Registrierung abzuschließen. Nach Anklicken des Links wird der neue Nutzeraccount freigeschaltet und Nature Network kann genutzt werden.[130] Der Anmeldevorgang bei Nature Network ist weniger umfassend als beispielsweise bei RePEc Author Service, u.a. wird im Anmeldevorgang nicht nach der Organisation/Institution gefragt, zu der ein Nutzer gehört, auch die Auswahl von Veröffentli-

---

[126] Vgl. Nature Network, 2013, („About"), o.S.
[127] Nature Network, 2013 ("About"), o.S.
[128] Vgl. Nature Network, 2013, („About"), o.S.
[129] Vgl. Nature Network, 2013, („New Account"), o.S.
[130] Vgl. Nature Network, 2013, („New Account"), o.S.; Natures Network (2013). ("E-Mail"), o.S.

chungen erfolgt an dieser Stelle nicht. Der Anmeldevorgang wird somit als weniger umfassend gewertet und mit (0) bewertet.

Beim **Login** werden die User ID (E-Mail-Adresse) und das Passwort eingegeben. An dieser Stelle kann zudem angekreuzt werden, ob der Computer die Anmeldedaten speichern soll. Des Weiteren gibt es die Möglichkeit einen Link anzuklicken, wenn das Passwort vergessen wurde.[131]

Eine **Verifizierung als Forscher** erfolgt nicht. Jeder kann einen Account anlegen. Es gibt lediglich die Möglichkeit aus einer Liste einen Forschungsbereich auszuwählen,[132] als Verifizierung als Forscher kann dies allerdings nicht gewertet werden. Dieses Kriterium wird somit mit „nicht erfüllt" (-1) bewertet.

---

[131] Vgl. Nature Network, 2013, („Login"), o.S.
[132] Vgl. Nature Network, 2013, („New Account"), o.S.

Welche **Daten das Nutzerprofil** umfasst, zeigt die folgende Abbildung.[133]

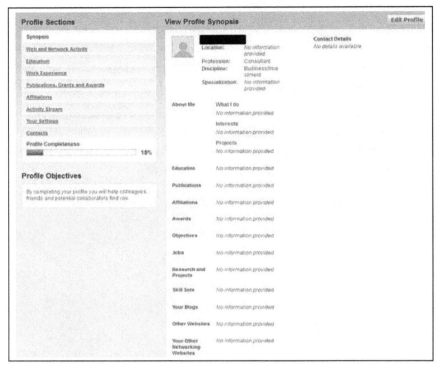

Abbildung 5:   Daten im Nutzerprofil von Nature Network

Quelle: Nature Network, 2013 („Profile"), o.S.

Die Abbildung zeigt, dass ein Profil, diverse Informationen enthalten kann. Das heißt, das Profil bei Nature Network beinhaltet umfassende Daten, sodass dieses Kriterium mit +1 bewertet wird.

Im Hinblick auf die **Autorisierung** ist festzustellen, dass jeder registrierte Nutzer des Systems auf alle öffentliche Bereiche von Nature Network Zugriff hat. Veränderungen im Nutzerprofil kann allerdings nur der jeweilige Nutzer vornehmen. Inwiefern hier u.U. Lücken vorhanden sind, kann nicht abschließend festgestellt werden. Bei einem Selbsttest war es nicht möglich, auf die Profile anderer Nutzer zuzugreifen. Somit wird hier davon ausgegangen, dass in Bezug auf die Profile die Zugriffsrechte in vol-

---

[133] Vgl. Nature Network, 2013, ("Profile"), o.S.

lem Umfang geregelt sind, sodass dieses Kriterium hier mit voll erfüllt (+1) bewertet wird.

Eine **Integration** bestehender Daten in das System ist offenbar nicht möglich. Deshalb wird dieses Kriterium mit nicht erfüllt (-1) bewertet.

Die **Profilpflege** übernimmt der Nutzer selbst.

Einen Ansatz zur **Motivation zur Profilpflege** findet sich beispielsweise auf dem jeweiligen Nutzerprofil, hier wird anhand einer Balkendarstellung angezeigt, zu wie viel Prozent ein Profil komplett ist. Zudem wird folgendes ausgesagt: *"By completing your profile you will help colleagues, friends and potential collaborators find you."*[134] Weitere Motivationsansätze lassen sich nicht identifizieren, sodass sich hier eine Bewertung mit „teilweise erfüllt (0) ergibt.

Bewertung des Umgangs mit Problemfeldern

Im Hinblick zum **Umgang mit mehreren Forschern gleichen Namens** und der eindeutigen Zuordnung von Veröffentlichungen lassen sich keine Ansätze identifizieren. Deshalb wird dieses Kriterium mit nicht erfüllt (-1) gewertet.

Auch im Hinblick auf **Namenswechsel/unterschiedliche Namensvarianten** sind bei einer Analyse des Systems keine Ansätze für die Handhabung dieser Problematik erkennbar. Auch hier wird das Kriterium als nicht erfüllt (-1) gesehen.

Im Hinblick auf den **Datenschutz** liegen umfassende Regelungen vor. U.a. wird genau angegeben, welche Nutzerdaten gesammelt werden und wie sie verwendet werden. Es wird explizit ausgesagt, dass die Privatsphäre respektiert wird.[135] Demnach wird hier davon ausgegangen, dass der Datenschutz umfassend gewährleistet ist. Das Kriterium wird demnach mit voll erfüllt (+1) bewertet. Dennoch ist anzumerken, dass anhand der hier durchgeführten Analyse nicht tatsächlich feststellbar ist, ob es ggf. Probleme/Lücken im Datenschutz gibt.

Bewertung der Erfüllung der Nutzeranforderungen

Der **Wunsch nach Selbstdarstellung** wird durch Nature Network umfassend unterstützt. So lässt sich mittels des Systems eine Online-Identität mit hohem Wiedererkennungswert aufbauen. So können beispielsweise Fotos eingebunden werden und

---

[134] Vgl. Nature Network 2013, ("Profile"), o.S.
[135] Vgl. Nature Publishing Group, 2009, („Privacy"), o.S.

im Profil lassen sich diverse Informationen angeben (vgl. dazu auch die Aussagen zum Profilinhalt in diesem Kapitel).[136] Des Weiteren können sich Forscher auch durch eine Teilnahme Diskussionsgruppen und Foren selbst präsentieren. Dieses Kriterium wird als voll erfüllt (+1) bewertet.

Die **Bequemlichkeit der Nutzer** wird durch diverse Aspekte unterstützt. So bietet Nature Network ein single sign on für alle Nature Websites.[137] Des Weiteren hat das System, wie bereits dargestellt, einen großen Funktionsumfang,[138] sodass es für unterschiedliche Aktivitäten und Zielsetzungen nutzbar ist und der Nutzer im Prinzip nur diesen einen Service benötigt und nicht verschiedene Services miteinander kombinieren muss. Deshalb wird der Wunsch nach Unterstützung der Bequemlichkeit mit voll erfüllt bewertet (+1).

Vertrauen/Vertraulichkeit werden im Hinblick auf die Forscherprofile gewährleistet. Es ist für Unbefugte nicht möglich, auf einem Forscherprofil unerwünschte Inhalte zu ergänzen. Da die Nutzer ihre Profile selbst pflegen, besteht allerdings die Möglichkeit, falsche Angaben zu machen. Eine Absicherung dagegen lässt sich nicht erkennen. Es wird lediglich im Rahmen der sogenannten „Nature Community Guideline" darauf hingewiesen, dass Personen bei der Entwicklung ihres Profils ihren vollen Namen angeben sollen und nur ihre eigene Arbeiten angeben sollen. Insgesamt wird an die Nutzer appelliert, sich im Hinblick auf ihre Profile und auch bei der Nutzung der weiteren Funktionen „richtig" zu verhalten.[139] Vor diesem Hintergrund wird das Kriterium Vertrauen/Vertraulichkeit mit teilweise erfüllt (0) bewertet.

Eine **Gruppierung von Kommunikationsteilnehmern und Äußerungen** findet statt. So erfolgt beispielsweise im Bereich „Groups" eine Einteilung in Gruppen, die am aktivsten sind, Gruppen, an denen Mitglieder des Netzwerks des Nutzers teilnehmen und sogenannte Featured Groups. Auch die anderen Bereiche/Funktionen (z. B. Forums, Blogs etc.) sind sinnvoll gruppiert.[140] Dieses Kriterium wird damit als voll erfüllt (+1) bewertet.

---

[136] Vgl. Nature Network, 2013, (Profile"), o.S.
[137] Vgl. Nature Network, 2013 („New Account"), o.S.
[138] Vgl. Nature Network, 2013, („About"), o.S.
[139] Vgl. Nature Publishing Group, 2013, ("Community Guidelines"), o.S.
[140] Vgl. Nature Network, 2013, („Groups"), o.S.

Das System ist übersichtlich aufgebaut, die Nutzung erfolgt intuitiv und erfordert keinen Einarbeitungsaufwand. Die **Benutzerfreundlichkeit** wird deshalb als hoch gewertet und mit voll erfüllt (+1) bewertet.

Die **Hilfe beim Suchen und Finden und bei Partizipation und Kooperation** ist bei Nature Network umfassend. Es gibt eine zentrale Suchfunktion, die auf jeder Natur Network-Seite erscheint. Zudem gibt es jeweils die Möglichkeit, anhand populärer Tags zu suchen. Auf der Seite „Groups" kann nach Gruppen gesucht werden,[141] auf der Seite „Forums" kann nach Foren gesucht werden usw. Auf jeder Seite ist eine spezifische Suchfunktion integriert. Durch die Teilnahmemöglichkeit an Gruppen, Foren etc. unterstützt das System Partizipation und Kollaboration.[142] Das Kriterium wird deshalb mit voll erfüllt (+1) bewertet.

Eine **Hilfestellung bei der Evaluation von Leistungen** ist offenbar nicht vorhanden, es gibt keine Ansätze zur Leistungsmessung und Leistungsbewertung. Das Kriterium wird deshalb mit nicht erfüllt (-1) gewertet.

3.3.3 VIAF/GND

3.3.3.1 Kurzbeschreibung

GND kann als ein zugrunde liegendes produktives System für VIAF betrachtet werden. Es wird an dieser Stelle deshalb zunächst exemplarisch für weitere zugrunde liegende produktive Systeme beschrieben, um die grundlegende Funktionsweise von VIAF zu verdeutlichen.

GND steht für Gemeinsame Normdatei. Die gemeinsame Normdatei umfasst Datensätze für Personen, Körperschaften, Kongresse, Geografika, Werktitel sowie Sachschlagwörter. Diese Datensätze wurden bis April 2012 in getrennten Normdateien (GKD; PND, SWD) erfasst und sind nun unter dem Dach „GND" zusammengeführt. Durch diese Zusammenführung wurden bestehende Formatunterschiede und divergierenden Datenmodelle angeglichen.[143] Das für die GND entwickelte gemeinsame Normdatenformat basiert auf MARC21-Authorithy. Auf Grundlage von

---

[141] Vgl. Nature Network, 2013, („Groups"), o.S.
[142] Vgl. Nature Network, 2013, („Forums"), o.S.
[143] Vgl. Deutsche Nationalbibliothek, 2013, („Gemeinsame Normdatei"), o.S.

MARC21-Authority wurde für die GND ein gemeinsames Normdatenformat entwickelt.[144]

GND wird von der Deutschen Nationalbibliothek sowie allen Bibliotheksverbünden des deutschsprachigen Raums, der Zeitschriftendatenbank ZDB und weiteren Institutionen kooperativ geführt. GND wird von Bibliotheken, Museen sowie Redaktionen von Nachschlagwerken genutzt. Eine Mitarbeit erfolgt über Verbünde oder mittels direkter Absprache mit der Deutschen Nationalbibliothek. [145]

Normdatensätze der Gemeinsamen Normdatei werden im sogenannten Virtual Authority File (VIAF) mit den Daten anderer Normdateien zusammengeführt. [146] Im VIAF werden weltweit vorhandene Normdateien miteinander verlinkt. Dem Endnutzer wird so ein Zugang zu Publikationen über Normdaten in der von ihm favorisierten Sprache und Schrift (auch nicht-lateinische Schriften, wie Hebräisch, Kyrillisch und Arabisch sind zu finden) ermöglicht. Projektträger von VIAF sind die Deutsche Nationalbibliothek, Library of Congress (LOC), Bibliothèque Nationale de France (BnF) und OLCL. [147]

Aktuell werden im VIAF 25 Normdateien von 20 Partnern durch ein Machting-Verfahren abgeglichen. Bei Erfolg erfolgt eine Darstellung als Cluster. Es erfolgt ein Abgleich von ca. 18 Millionen Normdatensätzen sowie ca 80 Millionen mit den Normdaten verknüpften Titeldatensätzen. Resultat des Abgleichs sind ungefähr 14,5 Millionen Cluster. Diese sind unter www.viaf.org suchbar. VIAF ist dementsprechend ein internationales Rechercheinstrument für Personennamen. Weiterhin kann nach Körperschaftsdatensätzen und Werktiteln sowie weiteren Aspekten gesucht werden.[148]

---

[144] Vgl. BSZ (2013), o.S.
[145] Vgl. Deutsche Nationalbibliothek, 2013, („Gemeinsame Normdatei"), o.S..
[146] Vgl. Deutsche Nationalbibliothek, 2013, („Gemeinsame Normdatei"), o.S.
[147] Vgl. Deutsche Nationalbibliothek, 2011 („VIAF"), o.S.
[148] Vgl. Deutsche Nationalbibliothek, 2013 („VIAF"), o.S:

Folgende Abbildung zeigt die Startseite von VIAF.

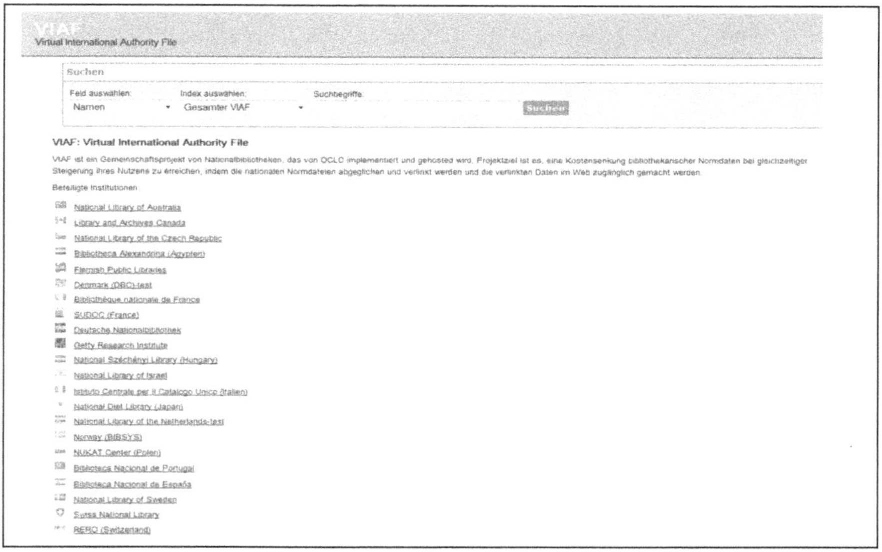

Abbildung 6:   Startseite VIAF

Quelle: VIAF, o.J. („Suchen"), o.S.

3.3.3.2 Kriteriengeleitete Analyse

In Bezug auf die Bewertung von VIAF ist an dieser Stelle zunächst zu erwähnen, dass es sich um ein System handelt, das sich sehr stark von den bislang vorgestellten Systemen unterscheidet. Es kann als sogenanntes „Bibliothekssystem" bezeichnet werden, bei dem der wesentliche Unterschied darin besteht, dass Nutzer ihre Profile nicht selbst pflegen können. Das heißt, es verfolgt ein anderes Prinzip als beispielsweise RAS oder Nature Network. Dadurch wird die Analyse erschwert, da es hier nicht möglich ist, zu Analysezwecken ein „Testprofil" anzulegen. Aus diesem Grund wird nachfolgend in erster Linie auf weiterführende Informationen aus der Literatur und Internetveröffentlichen zurückgegriffen, um eine Bewertung vornehmen zu können.

Allgemeine Charakterisierung des Systems

VIAF ist international ausgerichtet und wird von einer Vielzahl von Nationalbibliotheken und weiteren Einrichtungen genutzt.[149] Gemäß der entwickelten Skalierung in Tabelle sechs wird das Kriterium „Größe" im Hinblick auf VIAF mit groß (+1) bewertet.

Träger/**Betreiber** von VIAF sind die Deutsche Nationalbibliothek, Library of Congress, Bibliothèque Nationale des France und OCLC (Online Computer Library Center).[150] Gehostet wird VIAF durch die OCLC. *"OCLC is a worldwide library cooperative, owned, governed and sustained by members since 1967."*[151]

Die **Ausrichtung** von VIAF ist nicht auf bestimmte Wissenschaftsgebiete beschränkt, sodass von einer umfassenden Ausrichtung gesprochen werden kann. Die Bewertung des Kriterium erfolgt hier somit mit +1.

Der **Funktionsumfang** (für den Nutzer) ist bei diesem System als eher eng zu werten, da er sich ausschließlich auf die Suche von Namen (u.a. Personennamen, Körperschaftsdatensätze, Werktitel) (vgl. folgende Abbildung) beschränkt.[152] Der Funktionsumfang wird deshalb (in Bezug auf die Nutzer) als stark begrenzt eingeordnet und deshalb mit -1 bewertet. An dieser Stelle sei allerdings darauf hingewiesen, dass VIAF und insbesondere GND und die weiteren zugrunde liegenden produktiven Systeme für diejenigen, die das System managen, also das Bibliothekspersonal, einen erheblichen Funktionsumfang haben. Das belegen z. B. die umfassenden Ausführungen zu den Leistungen und zur Bedienung von GND.[153]

---

[149] Vgl. OCLC, 2013 (VIAF Contributors"), o.S.
[150] Vgl. Deutsche Nationalbibliothek, 2011 („VIAF"), o.S.; Deutsche Nationalbibliothek, 2013, („Gemeinsame Normdatei"), o.S.
[151] Vgl. OCLC ,2013 („Public Purpose"), o.S.
[152] Vgl VIAF, o.J. (Suchen"), o.S.
[153] Vgl. dazu Deutsche Nationalbibliothek, 2013 („Informationsseiten"); o.S.

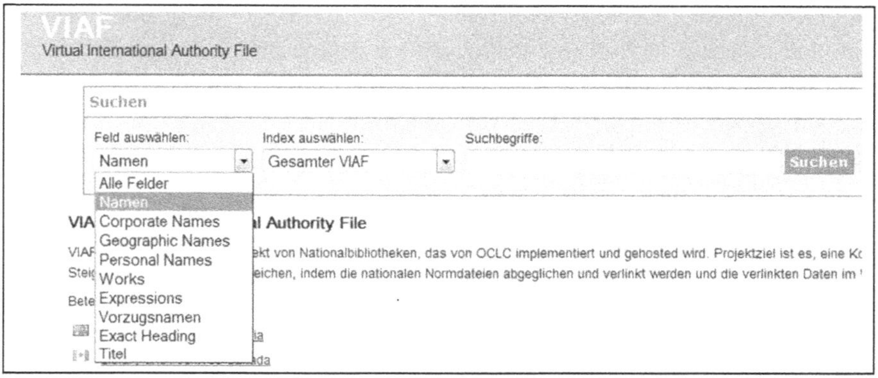

Abbildung 7:   Suchfunktion VIAF

Quelle: VIAF, o.J. („Suchen"), o.S.

Zielsetzung von GND ist u.a. die Zusammenführung von Normdatensätzen zur Überwindung existierender Formatunterschiede. Weitere Ziele sind die Entwicklung eines Netzes miteinander in Beziehung stehender Datensätze, das für die Nutzung im Web geeignet ist, eine Navigation in der Normdatei möglich macht und Recherchemöglichkeiten für den Nutzer verbessert. Ziel ist die weltweite Verlinkung vorhandener Normdaten sowie die Zugriffsmöglichkeit für den Endnutzer in der von ihm gewählten Sprache und Schrift. [154] Die Zielsetzung ist umfassend und wird deshalb mit +1 bewertet. [155]

Bewertung der Funktionsweise des Systems

Aus Nutzersicht erfolgt kein **Anmeldevorgang**. Die Suchfunktion von VIAF kann ohne jegliche vorherige Anmeldung genutzt werden. Wenn eine Institution allerdings an VIAF teilnehmen möchte, muss sie sich anmelden. Auf diesen Vorgang soll an dieser Stelle allerdings nicht näher eingegangen werden. [156] Da kein Anmeldevorgang durch Nutzer erforderlich ist, ist eine Bewertung des Anmeldevorgangs bei VIAF nicht möglich.

Ein **Login** ist für die Nutzung der VIAF-Suchfunktion nicht erforderlich.

---

[154] Vgl. Deutsche Nationalbibliothek, 2011 („VIAF"), o.S.; Deutsche Nationalbibliothek, 2013, („Gemeinsame Normdatei"), o.S.
[155] Vgl. Deutsche Nationalbibliothek, 2011 („VIAF"), o.S.; Deutsche Nationalbibliothek, 2013, („Gemeinsame Normdatei"), o.S.
[156] Vgl. OCLC, 2013 („How to become a contributor"), o.S:

66

Eine **Verifizierung** der Nutzer **als Forscher** wird durch VIAF nicht sichergestellt. Da die Nutzer selbst kein Profil erstellen, können sie selbst auch keine Angaben darüber machen, ob sie beispielsweise einer bestimmte Organisation angehören oder einen akademischen Titel tragen. VIAF erstellt vielmehr die Informationen zu den einzelnen Personen aus den dem System vorliegenden Daten. Da in erster Linie wissenschaftliche Bibliotheken Mitglied bei VIAF[157] sind, kann davon ausgegangen werden, dass die durch VIAF generierten Profile zu einem großen Teil auch Forscherprofile sind, dennoch konnte im Rahmen der durchgeführten Analyse nicht festgestellt werden, dass eine tatsächliche Verifizierung als Forscher erfolgt. Zudem lassen sich auch Autoren, finden, deren Profile im VIAF enthalten sind, die eindeutig keine Forscher sind. So enthält VIAF beispielsweise Profile von Thomas Mann und Max Frisch.[158] Das Kriterium wird somit mit nicht erfüllt (-1) bewertet.

Im Hinblick auf die Tatsache, dass es in VIAF keine durch die Nutzer selbst angelegten Profile gibt, muss hier eher von **Daten im Autorenprofil** gesprochen werden. Das Profil, das VIAF zu einem gesuchten Namen angibt umfasst eine Reihe von Informationen. Zunächst werden die ermittelten Nachweise zu einem gesuchten Namen aufgelistet. Aus der Liste kann ausgewählt werden und nach Anklicken eines Namens gelangt der Nutzer zu einem ausführlichen Profil der jeweiligen Person. Dieses Profil umfasst:[159]

- Name und VIAF Identifikationsnummer
- Vorzugsbezeichnungen
- Sogenannte „Uniform Title Links"
- Namensvarianten
- Person als Relation
- Ausgewählte Titel
- Ausgewählte Co-Autoren
- Erscheinungsländer
- Veröffentlichungsstatistik
- Ausgewählte Verlage
- Weitere Informationen zur Person (u.a Sprache, Geschlecht, Nationalität)
- Externe Links

---

[157] Vgl. OCLC, 2013 (VIAF Contributors"), o.S.
[158] Vgl. VIAF, o.J. („Max Frisch"), o.S:
[159] Gesucht wurde zu Analysezwecken exemplarisch nach Michael E. Porter, vgl. VIAF, o.J. („Michael E. Porter"), o.S.

- Anzeigeformate
- Entwicklung der VIAF-Identifikationsnummer

Das Autorenprofil in VIAF enthält somit sehr umfassende Daten, sodass dieses Kriterium mit +1 bewertet wird.

Im Hinblick auf die **Autorisierung** kann festgehalten werden, dass die Nutzer über VIAF keine Zugriffsrechte auf Ressourcen haben. Im Hinblick auf die zugrunde liegenden Regelungen zu diesem Aspekt können an dieser Stelle keine abschließenden Erkenntnisse gewonnen werden, da eine Analyse als Testnutzer hierzu keine Ergebnisse liefert und auch in weiterführenden Quellen ließen sich zu diesem Aspekt keine Informationen identifizieren. Deshalb wird hier auf eine abschließende Bewertung dieses Kriteriums verzichtet.

Die **Integration** bestehender Daten in VIAF erfolgt durch die sogenannten „produktiven Systeme", wie GND. Die Normdatensätze werden in VIAF zusammengeführt,[160] sodass prinzipiell von einer Integration bestehender Daten gesprochen werden kann. Allerdings muss hier relativierend angemerkt werden, dass mit dem Kriterium der Integration eigentlich die Fähigkeit des Systems gemeint ist, bestehende Nutzerdaten aus anderen Anwendungen, die der Nutzer bereits nutzt bzw. in denen er Profile angelegt hat, zu übernehmen. Vor diesem Hintergrund lässt sich dieses Kriterium in Bezug auf VIAF nicht abschließend werten.

Die **Profilpflege** erfolgt nicht durch die Nutzer selbst sondern durch das System bzw. das Bibliothekspersonal. So erfolgen beispielsweise kontinuierliche Updates von Daten. So erfolgt z .B. die Lieferung aktualisierte sowie neuer Normdatensätze der gemeinsamen Normdatei (GND) täglich und monatlich wird das Matching von OCLC aktualisiert.[161]

Da weder die Nutzer von VIAF noch die im System gespeicherten Autoren selbst Profile anlegen können, ist eine **Motivation zur Profilpflege** in diesem System nicht erforderlich und kann somit auch nicht bewertet werden.

---

[160] Deutsche Nationalbibliothek, 2013 („VIAF"), o.S.
[161] Vgl. Deutsche Nationalbibliothek, 2013 („VIAF"), o.S.

Bewertung des Umgangs mit Problemfeldern

„Normdaten dienen im Bibliothekswesen bereits dazu eine Vernetzung der unterschiedlichen Bestände zu erlauben. Bei der Erschließung eines Buches wird nicht bloß gesagt, dass jemand, der Thomas Mann heißt, der Autor ist – es wird eine Verknüpfung vom Katalogisat zu dem Thomas Mann erzeugt, der am 6. Juni 1875 in Lübeck geboren und am 12. August 1955 in Zürich verstorben ist. Der Vorteil von Normdateneintragungen ist, dass sie zum eindeutigen Nachweis der Verfasserschaft oder Mitwirkung an einem Werk beitragen.“[162] Somit kann abgeleitet werden, dass mittels Normdaten eine (relativ) eindeutige Zuordnung von Veröffentlichungen möglich ist und mehrere **Forscher mit gleichem Namen** unterschieden werden können. Ob dies vollkommen problemlos möglich ist, kann hier abschließend nicht festgestellt werden. Es wird allerdings davon ausgegangen, dass es bereits wirkungsvolle Lösungsansätze für dieses Problemfeld gibt, sodass eine Bewertung mit +1 (voll erfüllt) erfolgt.

Auch die Angabe von **Namensvarianten** im Profil einer Person ist ein wesentlicher Ansatz für den Umgang mit unterschiedlich geschriebenen Namen. Nachfolgende Tabelle zeigt zum Beispiel „Michael E. Porter" die im System vorliegenden sieben Namensvarianten.[163]

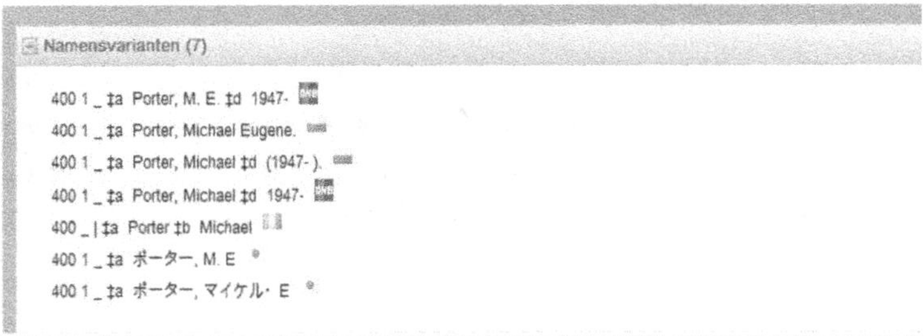

Abbildung 8:   Namensvarianten VIAF

Quelle: VIAF, o.J. (Michael E. Porter), o.S.

Durch die Auflistung der unterschiedlichen identifizierbaren Namensvarianten einer Person scheint ein sinnvoller Umgang mit unterschiedlich geschriebenen Namen möglich. Das Kriterium wird deshalb mit +1 bewertet.

---

[162] Haffner, 2012, S. 3.
[163] Vgl. VIAF, o.J. („Michael E. Porter"), o.S.

Im Hinblick auf den **Datenschutz** liegen umfassende Regelungen vor. Es wird angegeben, welche Daten wie gesammelt werden und wofür sie zum Einsatz kommen.[164]
Es wird hier deshalb davon ausgegangen, dass der Datenschutz umfassend gewährleistet ist. Das Kriterium wird demnach mit voll erfüllt (+1) bewertet.

Bewertung der Erfüllung der Nutzeranforderungen

Im Hinblick auf diese Kriteriengruppe ist zunächst anzumerken, dass diejenigen, die
das System nutzen (z. B. für die Suche nach Personen o.ä.) nicht unbedingt identisch mit denjenigen sind, deren Profile im System gespeichert sind. Somit müsste in
Bezug auf VIAF eigentlich eher von Autorenanforderungen anstelle von Nutzeranforderungen gesprochen werden.

Im Hinblick auf das Kriterium des **Wunsches nach Selbstdarstellung** lässt sich
feststellen, dass das System diesen durchaus recht umfassend unterstützt, obwohl
die Autoren die Profile nicht selbst erstellen. Es sind diverse Informationen vorhanden und mit verschiedenen Grafiken/Abbildungen untermauert.[165] Dieses Kriterium
wird somit mit voll erfüllt (+1) bewertet.

Eine **Unterstützung der Bequemlichkeit** findet insofern statt, als dass sich die Autoren nicht selbst um eine Aktualisierung ihres Profils kümmern müssen. Aspekte wie
single sign on oder ein Angebot von Zusatzservices gibt es bei VIAF allerdings nicht.
Zudem müssten sich Autoren, bei Änderungswünschen zunächst einen Ansprechpartner suchen, um ihre Wünsche von diesem umsetzen zu lassen. Das Kriterium
wird deshalb mit teilweise erfüllt (0) bewertet.

Das Kriterium **Vertrauen/Vertraulichkeit** scheint umfassend erfüllt zu sein. Unbefugte können keine unerwünschten Inhalte in den Profilen ergänzen. Da die Forscher
nicht selbst ihre Publikationen angeben, ist es ihnen auch nicht möglich Arbeiten anzugeben, die sie nicht verfasst haben. Hier erfolgt somit eine Bewertung mit „voll erfüllt" (+1).

Eine **Gruppierung von Kommunikationsteilnehmern und Äußerungen** erfolgt in
VIAF nicht. Das Kriterium ist damit nicht erfüllt (-1).

Das System ist benutzerfreundlich. Es kann ausgewählt werden, nach welcher Art
von Namen gesucht werden soll (Personennamen, Titel o.Ä) und in welchem Index

---

[164] Vgl. OLCL, 2013 ("Privacy Policy"), o.S.
[165] Vgl. VIAF, o.J. („Michael E. Porter"), o.S.

(gesamter VIAF, Australien, Kanada etc.) gesucht werden soll. Dann muss nur noch die Angabe eines Namens erfolgen.[166] Die angezeigten Ergebnisse sind einfach verständlich. Die **Benutzerfreundlichkeit** wird deshalb mit „voll erfüllt" (+1) bewertet. Im Hinblick auf die Nutzer kann also von einem benutzerfreundlichen System gesprochen werden. Inwiefern die Bibliotheksmitarbeiter, die mit dem System arbeiten, die Benutzerfreundlichkeit bewerten, kann im Rahmen dieser Analyse nicht festgestellt werden. Im Hinblick auf die Autoren bzw. Forscher, deren Profile im System enthalten sind, können keine Aussagen im Hinblick auf die Benutzerfreundlichkeit getroffen werden, da sie ihre Profile nicht selbst pflegen.

Im Hinblick auf die Hilfe **beim Suchen und Finden** leistet VIAF wertvolle Hilfe beim Auffinden von Literatur und Personennamen. Im Hinblick auf Kooperation und Partizipation leistet das System keine Unterstützung. Deshalb wird dieses Kriterium mit „teilweise erfüllt" (0) bewertet.

Eine **Hilfestellung bei der Evaluation von Leistungen** zeigt VIAF in den jeweiligen Autorenprofilen durch die Anzeige eines Histogramms, das eine Veröffentlichungsstatistik zeigt. Des Weiteren wird anhand einer Landkarte visualisiert, in vielen Ländern Arbeiten des Forschers erschienen sind.[167] Dementsprechend wird dieses Kriterium mit „teilweise erfüllt" (0) bewertet.

3.3.4 ResearchGate

3.3.4.1 Kurzbeschreibung

„ResearchGate ist das größte professionelle soziale Netzwerk für Wissenschaftler; es ermöglicht es den Mitgliedern sich weltweit zu verständigen, ihr eigenes wissenschaftliches Netzwerk aufzubauen, miteinander zu arbeiten und sich gegenseitig zu helfen."[168]

ResearchGate bietet diverse Applikationen (u.a. Austauschen von Publikationen, Statistiken über eigene Veröffentlichungen, Zusammenarbeit mit Kollegen etc.), hat mittlerweile mehr als 3 Millionen Mitglieder und weist extrem hohen Wachstumsraten

---

[166] Vgl. VIAF, o.J. („Suche"), .S.
[167] Vgl. z.B VIAF, o.J. („Michael E. Porter"), o.S.
[168] ResearchGate, o.J. („Professionelles Netzwerk"), S.1.

auf. Die Plattform ist international orientiert und wurde von Wissenschaftlern für Wissenschaftler aufgebaut. [169]

Gegründet wurde Research Gate im Jahr 2008 von den Ärzten Ijad Madisch und Sören Hofmayer sowie vom Informatiker Horst Fickenscher.[170] ResearchGate finanziert sich über eine kostenpflichtige Jobbörse sowie durch Finanzierungsvereinbarungen mit namhaften Geldgebern und die Unterstützung durch Business Angels.[171]

Folgende Abbildung zeigt einen Ausschnitt der Startseite von ResearchGate.

Abbildung 9:   Startseite ResearchGate
Quelle: ResearchGate, 2013 („ResearchGate"), o.S.

Bei ResearchGate handelt es sich, ander als bei VIAF, wieder um eine offene Plattform, auf der sich die Forscher selber anmelden und ihr Profil eigenständig pflegen.

---

[169] ResearchGate, o.J. („Professionelles Netzwerk"), S.1; Reserach Gate 2013, („About us"), o.S.
[170] Vgl. ResearchGate, 2013 („About us"), o.S.
[171] Vgl. IWKoeln, o.J., o.S.

3.3.4.2 Kriteriengeleitete Analyse

In Bezug auf die **Größe** ist Research Gate als großes System zu bewerten. Es zählt mit mehr als drei Millionen registrierten Nutzern zu einem der weltweit größten Systeme.[172] Deshalb wird es als großes System mit +1 bewertet.

ResearchGate ist ein Unternehmen und wird von seinen Gründern betrieben. CEO ist Dr. Ijad Madsch.[173] Der **Betreiber** der Plattform ist also ein Unternehmen.

Es gibt keine Beschränkung auf bestimmte Wissenschaftsgebiete. Das zeigt u.a. auch die Grafik auf der Startseite der Plattform, die die Anteile unterschiedlicher Wissenschaftsgebiete an Research Gate visualisiert (vgl. dazu auch Abbildung 9.). Die **Ausrichtung** wird somit als umfassend mit +1 bewertet.

ResearchGate bietet diverse Funktionen. So können Forscher ihr wissenschaftliches Profil managen, Gruppen gründen oder Gruppen beitreten, OpenAccess Datenbanken durchsuchen, Publikationen selbst Online stellen, einen Newsfeed nutzen, auf Informationen über Events, wie Konferenzen, Tagungen etc. zugreifen und nach Jobs suchen.[174] Der **Funktionsumfang** ist demnach umfassend und wird mit voll erfüllt (+1) bewertet.

Die **Zielsetzung** von ResearchGate richtet sich darauf, Wissenschaftlern die Möglichkeit zu geben sich weltweit zu verständigen. Es soll Wissenschaftlern möglich gemacht werden, ein eigenes wissenschaftliches Netzwerk aufzubauen, zusammenzuarbeiten und sich gegenseitig zu helfen.[175] *„We've made it our mission to give science back to the people who make it happen and to help researchers build reputation and accelerate scientific progress. On their terms."*[176] Die Zielsetzung wird als umfassend gewertet, das Kriterium ist deshalb gemäß der eingeführten Skalierung voll erfüllt (+1).

Der **Anmeldevorgang** umfasst mehrere Schritte. Zunächst werden in einem ersten Schritt Vorname und Name verlangt. Im zweiten Schritt zeigt das System dem neuen Nutzer Veröffentlichungen an, die ihm zugeordnet werden können. Er kann diese dann durch Anklicken von „Yes" oder „No" als seine Publikation auswählen oder eben verneinen, dass er die Arbeit verfasst hat. Im darauffolgenden Schritt wird ab-

---

[172] Vgl. ResearchGate, 2013, („About us"), o.S.
[173] Vgl. Laborwelt.de, 2013. o.S.
[174] Vgl. ResearchGate, o.J. („Professionelles Netzwerk), S.1-5.
[175] Vgl. ResearchGate, o.J. („Professionelles Netzwerk), S.1-5.
[176] Vgl. ResearchGate, 2013, („About us"), o.S.

gefragt, zu welcher Institution der neue Nutzer gehört, die E-Mail-Adresse wird abgefragt. Dabei werden nur Adressen akzeptiert, die zu der angegebenen Forschungsinstitution zählen, mit einer privaten Adresse kann der Anmeldevorgang nicht fortgesetzt werden. Wenn das System die E-Mail-Adresse nicht zuordnen kann, gibt es drei Möglichkeiten, um den Anmeldevorgang fortzusetzen:[177]

1. Es wird alternativ eine andere Institutsadresse angegeben.
2. Der neue Nutzer kann ankreuzen, dass er davon ausgeht, dass das System das angegebene Institut nicht erkennt. In diesem Falle muss er, um weiterzukommen, detaillierte Angaben über seine Rolle als Forscher machen, die Aufgaben seines Instituts darlegen etc.
3. Der neue Nutzer kann ankreuzen, dass er keiner Institution angehört, sondern als „freier Forscher" arbeitet. Auch in diesem Fall werden detaillierte weitere Informationen zur Forschung verlangt sowie ein Lebenslauf und weitere Daten.

Im nächsten Schritt werden die Forschungsdisziplinen abgefragt. Im folgenden Schritt bietet das System (entsprechend der ausgewählten Forschungsdisziplin) einige Themenfelder zur Auswahl, die den Nutzer interessieren könnten. Der Nutzer kann hier auswählen, an welchen der Themenfelder er besonders interessiert ist und in denen er u.a Fachwissen austauschen möchte, Fragen stellen möchte etc. Abschließend kann der neue Nutzer zur Vervollständigung seines Profils ein Foto hochladen.[178] Abschließend wird eine E-Mail versendet, in der ein Link angeklickt werden muss, damit der Account freigeschaltet wird.[179] Nach Anklicken des Links erscheint eine Liste mit Forschern aus der vom neuen Nutzer angegebenen Institution. Aus dieser Liste kann der neue Nutzer Kollegen auswählen, denen er „folgen" möchte. Wenn die Auswahl erfolgt ist, gelangt der neue Nutzer auf sein Profil.[180] Der Anmeldevorgang ist umfassend, er wird deshalb mit +1 bewertet.

Für den **Login** werden E-Mail-Adresse und Passwort abgefragt.[181]

Bei ResearchGate erfolgt die **Verifizierung als Forscher** über die Eingabe der Institution zu der der neue Nutzer gehört in Kombination mit der Angabe einer Instituti-

---

[177] Vgl. ResearchGate, 2013 („sign up"), o.S.
[178] Vgl. ResearchGate, 2013 („sign up"), o.S
[179] Vgl. ResearchGate, 2013 ("E-Mail"), o.S.
[180] Vgl. ResearchGate, 2013 („sign up"), o.S
[181] Vgl. ResearchGate, 2013, ("Login"), o.S.

ons-E-Mail-Adresse. Das System verifiziert den neuen Nutzer als Forscher durch Überprüfung der Zugehörigkeit der E-Mail-Adresse zur angegebenen Institution (vgl. folgende Abbildung).[182]

Abbildung 10:   Verifizierung als Forscher bei ResearchGate
Quelle: ResearchGate, 2013 („sign up"), o.S.

ResearchGate ist das einzige im Rahmen dieser Arbeit analysierte System, das eine tatsächliche Verifizierung durchführt. Personen, die entweder keine gültige E-Mail-Adresse bei einer Forschungsinstitution haben oder die nicht glaubhaft darstellen können, dass sie als freie Forscher arbeiten, können den Anmeldevorgang nicht fortsetzen. Das Kriterium wird deshalb mit +1 („voll erfüllt") bewertet.

Das **Nutzerprofil** eines Forschers bei ResearchGate umfasst verschiedene **Daten**. Es bildet den individuellen Lebenslauf der Person ab, beinhaltet die Interessen des Forschers und seine Ausbildung. Zudem zeigt es die Projekte des Forschers, seine Erfahrungen und Kontaktdaten. Das Profil umfasst auch ein Verzeichnis persönlicher Publikationen und eine Bibliothek für Tagungsberichte, Artikel aus Fachzeitschriften, Buchkapitel und Patente. Durch die Bibliothek wird anderen Forschern gezeigt, welche Arbeiten andere Wissenschaftler bevorzugen und nutzen. In der Bibliothek können Veröffentlichungen usw. mit Lesezeichen (Bookmarks) versehen werden und Metadaten lassen sich in eine geeignete Managementsoftware exportieren. Im Profil ist des Weiteren ein persönlicher Blog enthalten. Mittels eines sogenannten „Netzwerkgraphen" werden alle Verbindungen, Gruppen und Veröffentlichungen eines

---

[182] Vgl. ResearchGate, 2013 („sign up"), o.S

Forschers visualisiert.[183] Aufgrund des großen Datenumfangs im Nutzerprofil wird dieses Kriterium mit +1 bewertet.

Im Hinblick auf die **Autorisierung** ist festzustellen, dass jeder registrierte Nutzer des Systems Zugriff auf alle im System offen verfügbaren Informationen hat. Veränderungen im Nutzerprofil kann allerdings nur der jeweilige Nutzer vornehmen. Inwiefern hier u.U. Lücken vorhanden sind, kann nicht abschließend festgestellt werden. Bei einem Selbsttest war es nicht möglich, auf z. B. die Profile anderer Nutzer zuzugreifen. Somit wird hier davon ausgegangen, dass in Bezug auf die Profile die Zugriffsrechte in vollem Umfang geregelt sind, sodass dieses Kriterium hier mit voll erfüllt (+1) bewertet wird.

Bei Research Gate erfolgt eine **Integration bestehender Daten** in das Nutzerprofil, beispielsweise indem bei der Anmeldung automatisch nach bestehenden Veröffentlichungen des neuen Nutzers gesucht wird.[184] Diese werden dann automatisch in das Nutzerprofil integriert. Eine Integration bestehender Daten aus anderen Systemen scheint nicht zu erfolgen. Das Kriterium wird dementsprechend mit 0 („teilweise erfüllt") bewertet.

Die **Profilpflege** übernimmt der Nutzer selbst.

Eine **Motivation zur Profilpflege** ergibt sich in ResearchGate auf vielfältige Weise. Da über das System ein ständiger Kontakt mit Kollegen möglich ist, bietet sich bereits dadurch ein wesentlicher Grund, um die eigenen Daten aktuell zu erhalten. Zudem bietet ResearchGate diverse Visualisierungen und zeigt auch auf den Seiten des Profils an, wo ggf. noch Informationen ergänzt werden können (z. B. Hinweis auf ein fehlendes Foto).[185] Zudem werden durch ResearchGate regelmäßig E-Mails versendet, die dem Forscher das System in Erinnerung rufen. Die Motivation zur Profilpflege in ResearchGate wird als hoch bewertet, sodass das Kriterium als voll erfüllt betrachtet wird und somit mit +1 bewertet wird.

Bewertung des Umgangs mit Problemfeldern

Eine **Unterscheidung von Forschern mit gleichem Namen und die eindeutige Zuordnung von Veröffentlichungen** werden bei ResearchGate durch die Verifizie-

---

[183] Vgl. ResearchGate, o.J. („Professionelles Netzwerk), S.;.
[184] Vgl. ResearchGate, 2013 („sign up"), o.S.
[185] Vgl. ResearchGate, 2013 ("Profile"), o.S.

rung des Forschers über Institutszugehörigkeit und E-Mail-Adresse gefördert. Dadurch gelingt eine eindeutige Zuordnung der Forscher zu Institutionen. Da es unwahrscheinlich ist, dass zwei Forscher mit gleichem Namen an einem Institut tätig sind, scheint hier ein geeigneter Ansatz vorhanden zu sein, um diesem Problemfeld zu begegnen.[186] Es erfolgt somit eine Bewertung mit +1 („voll erfüllt")

Inwiefern Lösungsansätze für den Umgang **mit unterschiedlich geschriebenen Namen** existieren, kann nicht abschließend festgestellt werden. Bei einer Analyse des Systems als Testnutzer ließen sich diesbezüglich keine Ansätze identifizieren. Deshalb wird dieses Kriterium mit „nicht erfüllt) (-1) bewertet.

Datenschutzaspekte scheinen hinreichend erfüllt zu sein. Es gibt dazu umfassende Informationen.[187] Aus diesem Grund wird hier davon ausgegangen, dass der Datenschutz umfassend erfüllt wird, sodass sich hier eine Bewertung mit +1 ergibt.

Bewertung der Erfüllung der Nutzeranforderungen

Die **Unterstützung des Wunsches nach Selbstdarstellung** wird durch ResearchGate zum einen durch das sehr umfassende Nutzerprofil mit diversen Darstellungsmöglichkeiten und zum anderen durch den großen Funktionsumfang des Systems, das diverse Möglichkeiten zur Selbstdarstellung und Profilierung bietet, umfassend gefördert. Deshalb wird dieses Kriterium mit +1 („voll erfüllt") bewertet.

Die **Unterstützung der Bequemlichkeit** erfolgt auf ResearchGate zum einen durch diverse Unterstützungsfunktionen beim Profilaufbau. Sie bieten viele Auswahlmöglichkeiten und es erfolgt eine automatische Suche nach den Veröffentlichungen des neuen Nutzers. Des Weiteren bietet ResearchGate eine Verknüpfung zu Facebook. Der Nutzer hat diverse Funktionen „unter einem Dach" und muss das System nicht verlassen, um zusätzliche Funktionen in anderen Systemen zu nutzen. Zudem kann u.a. auf frei verfügbare Dokumente über direkte Links zugegriffen werden.[188] Das Kriterium wird somit mit voll erfüllt (+1) bewertet.

Vertrauen und Vertraulichkeit scheinen ebenfalls (größtenteils) erfüllt zu sein. Soweit es im Rahmen der Analyse feststellbar war, ist es nicht möglich, unerwünschte Inhalte zu ergänzen. Da die Forscher ihre Profile selbst pflegen und auch die Mög-

---

[186] Vgl. ResearchGate, 2013 („sign up"), o.S.
[187] Vgl. ResearchGate, 2013 („Privacy"), o.S.
[188] Vgl. ResearchGate, o.J. („Professionelles Netzwerk"), o.S.; ResearchGate, 2013 ("Profile"), o.S.

lichkeit haben, Publikationen anzugeben[189] ist es ggf. hier möglich, das falsche Angaben gemacht werden. Das Kriterium wird deshalb mit teilweise erfüllt (0) bewertet.

ResearchGate bietet u.a Diskussionsgruppen, die beispielsweise nach unterschiedlichen Forschungsbereichen geordnet sind. Innerhalb dieser Gruppen existieren wiederum Foren.[190] Eine **Gruppierung von Kommunikationsteilnehmern und Äußerungen** erfolgt somit in hohem Maße. Das Kriterium wird deshalb mit „voll erfüllt" (+1) bewertet.

Das System ist problemlos, schnell und einfach nutzbar. Die Funktionen sind einfach verständlich und leicht nutzbar. Es gibt diverse Erläuterungen und Hilfestellungen. Demnach wird ResearchGate als sehr **benutzerfreundlich** bewertet. Das Kriterium gilt somit als voll erfüllt (+1).

ResearchGate bietet umfassende **Unterstützung beim Suchen und Finden sowie bei Kooperation und Partizipation**. Es hilft beim Auffinden von Literatur, Personen, bietet zum Teil Quellenzugriff und hilft bei der Suche nach Kooperationspartnern und ermöglicht u.a. durch die Diskussionsgruppen auch eine Partizipation.[191] Das Kriterium kann somit als „Voll erfüllt (+1) bewertet werden.

Auch bei der **Evaluation von Leistungen und dem Management von Expertise** bietet ResearchGate Unterstützung. Es bietet im Profilbereich „Stats" beispielsweise Grafiken, die Auswertungen zeigen, wie viele Publikationen in welchen Jahren erstellt wurden sowie sogenannte „Google Referrals" die zeigen, wie oft Publikationen eines Nutzers über eine Google-Suche gefunden wurden. Unter dem Profilbereich „RG Score" wird zudem ein Wert angezeigt, der angibt, wie aktiv ein Nutzer bei Research Gate ist.[192] Das Kriterium wird demnach mit voll erfüllt (+1) bewertet.

3.3.5 Mendeley

3.3.5.1 Kurzbeschreibung

Mendeley ist ein an Wissenschaftler gerichtetes soziales Netzwerk sowie ein Literaturverwaltungssystem. Es umfasst zwei Bestandteile:[193]

---

[189] Vgl. ResearchGate, 2013 ("Profile"), o.S.
[190] Vgl. ResearchGate, o.J. („Professionelles Netzwerk"), o.S.
[191] Vgl. ResearchGate, 2013 ("Profile"), o.S.
[192] Vgl. ResearchGate, 2013 ("Profile"), o.S.
[193] Vgl Ruhr Universität Bochum, 2013, o.S:

1. Bei Mendeley Desktop handelt es sich um Komponenten, die auf dem eigenen Rechner des Forschers installiert werden, sie dienen der Verwaltung von Literatur und PDF-Dokumenten.
2. Bei Mendeley Web handelt es sich um eine Web-Anwendung zur Literaturrecherche und zum Zweck der Kontaktaufnahme zu anderen Forschern im Netzwerk.

Beide Komponenten lassen sich miteinander synchronisieren. Mendeley eignet sich insbesondere für die Verwaltung von PDF-Dokumenten sowie die Arbeit in Gruppen, die mit gemeinsamer Literatur arbeiten. Mendeley kann im Einzelnen bei folgenden Aspekten eine Hilfe sein:

- Daten sammeln
- Ordnen und verwalten
- Zitieren
- Exportieren
- Zusammenarbeiten.

Die Basisversion von Mendeley ist kostenlos.[194] Mendeley umfasst aktuell 446458970 Nutzerdokumente, 2.478025 Nutzer und 243883 Forschungsgruppen.[195]

Die folgende Abbildung zeigt die Mendeley Startseite.

Abbildung 11:   Mendeley Startseite
Quelle: Mendeley 2013, („Get Mendeley"), o.S.

---

[194] Vgl. Ruhr Universität Bochum, 2013, o.S.
[195] Vgl. Mendley, 2013 („Get Mendeley"), o.S.

Mendeley wurde im Jahr 2008 von drei deutschen Gründern (Viktor Henning, Jan Reichelt und Paul Föckler) ins Leben gerufen. Mendeley ist in London und New York angesiedelt und wurde im Jahr 2013 vom Wissenschaftsverlag Elsevier aufgekauft.[196]

3.3.5.2 Kriteriengeleitete Analyse

Mendeley zählt mit aktuell 2.478025 Nutzern zu den großen Systemen.[197] Somit erfolgt im Hinblick auf die **Größe** eine Bewertung mit +1.

Betreiber von Mendeley ist der Wissenschaftsverlag Elsevier, also ein Unternehmen.[198]

Mendeley beschränkt sich nicht auf bestimmte Wissenschaftsbereiche, sondern spricht Wissenschaftler aller Gebiete an.[199] Die **Ausrichtung** kann demnach mit umfassend (+1) bewertet werden.

Der **Funktionsumfang** ist groß. Mendeley bietet insgesamt sechs unterschiedliche Funktionen, (u.a. Unterstützung von Zusammenarbeit, Importieren und Organisieren von pfd-Dokumenten, Zitieren, „Reference Manager" etc.). Das Kriterium wird deshalb mit +1 (voll erfüllt) bewertet

Die **Zielsetzung** von Mendeley umfasst mehrere Aspekte. So zielt Mendeley auf die Unterstützung von Forschungsprojekten. *"Starting a research project can be overwhelming. Mendeley simplifies every step in the process, from search and discovery to reading and analysis."*[200] Des Weiteren zielt das System darauf ab, Forscher bei der Erstellung von Artikeln oder anderen Arbeiten zu unterstützen. Ein weiteres Ziel ist die Unterstützung bei Dissertationen, so können Dissertationen für Besprechungen/Bewertungen/Diskussionen vorgelegt werden. Auch die Unterstützung der Zusammenarbeit von Forschern und das Auffinden potenzieller Kooperationspartner stellen wesentliche Ziele von Mendeley dar. Nicht zuletzt ist es ein Ziel von Mendeley, Forscher dabei zu unterstützen Aufmerksamkeit für ihre Forschungsarbeit zu

---

[196] Vgl. Hoffmann, 2013, o.S.
[197] Vgl. Mendeley, 2013 („Get Mendeley"), o.S:
[198] Vgl. Hoffmann, 2013, o.S.
[199] Vgl. Mendeley, 2013 („Research"), o.S.
[200] Mendeley, 2013 („How we help"), o.S:

kreieren.[201] Da diese Zielsetzungen als umfassend beurteilt werden können, wird das Kriterium mit „voll erfüllt" (+1) bewertet.

Der **Anmeldevorgang** für einen neuen Nutzer umfasst drei Schritte:[202]

1. „Create a free account": Eingabe von Vorname, Name und E-Mail-Adresse
2. "Tell us your interests": Eingabe eines Passworts und Auswahl des durchgeführten Studiums und des aktuellen akademischen Status (Professor, Post Doc, Ph.D-Student, Student etc.).
3. „Start Using Mendeley": In diesem Schritt wird Mendeley heruntergeladen und auf dem Rechner des Nutzers installiert.

Wenn der Anmeldevorgang durchlaufen ist und Mendeley installiert ist, kann sich der Nutzer einloggen. Danach kann der Nutzer seine existierende „Bibliothek" importieren. Zudem wird eine Liste populärer Veröffentlichungen angezeigt, aus der der neue Nutzer diejenigen auswählen kann, die ihn interessieren, sie werden dann der Bibliothek des Nutzers hinzugefügt. In einem nächsten Schritt kann der Nutzer dann diejenigen seiner Publikationen auswählen, die er seinem Mendeley Profil hinzufügen möchte. Abschließend können auf dem sogenannten Mendeley Desktop dann Artikel hinzugefügt werden. [203] Des Weiteren wird von Mendeley eine E-Mail verschickt, mit der die angegebene E-Mail-Adresse verifiziert wird und der Anmeldevorgang abgeschlossen wird.[204]

Der Anmeldevorgang bei Mendeley ist umfassend und erfolgt in Kombination mit der Installation des Mendeley Desktop auf dem Rechner des Nutzers. Der Anmeldevorgang wird insgesamt mit (+1) bewertet, da diverse Daten abgefragt werden.

Beim **Login** müssen E-Mail-Adresse und Passwort eingegeben werden.

Im Hinblick auf die **Verifizierung als Forscher** werden verschiedene Daten abgefragt. So muss in der Anmeldung (vgl. dazu die Ausführungen zum Anmeldevorgang in diesem Kapitel) ausgewählt werden, welches Studium absolviert wurde und ein akademischer Grad wird abgefragt. Allerdings können sich im System auch Studenten oder Personen anmelden, die keine Forscher sind. Das System überprüft nicht, ob jemand tatsächlich Forscher ist oder nicht. Das heißt, es gibt zwar Ansätze zur

---

[201] Vgl. Mendeley, 2013 („How we help"), o.S:
[202] Vgl. Mendeley, 2013 („Get Mendeley"), o.S:
[203] Vgl. Mendeley, 2013 („Get Mendeley"), o.S:
[204] Vgl. Mendeley, 2013, („E-Mail"), o.S.

Verifizierung der Nutzer als Forscher, eine tatsächliche Überprüfung erfolgt allerdings nicht. Demnach erfolgt her eine Bewertung dieses Kriteriums mit „teilweise erfüllt" (0).

Die **Daten im Nutzerprofil** sind umfassend. Es enthält neben einem Foto u.a. den Namen, Kontaktdaten, das Forschungsfeld, bibliografische Informationen, Awards, den Lebenslauf und Gruppen, an denen der Forscher beteiligt ist.[205] Das Kriterium wird mit voll erfüllt (+1) bewertet.

Jeder registrierte Nutzer hat bei Mendeley Zugriff auf die im System frei verfügbaren Informationen. Veränderungen im Nutzerprofil kann allerdings nur der jeweilige Nutzer vornehmen. Inwiefern hier u.U. Lücken vorhanden sind, kann nicht abschließend festgestellt werden. Bei einem Selbsttest war es nicht möglich, auf z. B. die Profile anderer Nutzer zuzugreifen. Deshalb wird in Bezug auf das Kriterium der **Autorisierung** davon ausgegangen, dass die Zugriffsrechte in vollem Umfang geregelt sind, sodass dieses Kriterium hier mit voll erfüllt (+1) bewertet wird.

Der Nutzer kann verschiedene Daten, die sich auf seinem Rechner befinden problemlos in Mendeley integrieren (z. B. Hochladen von Artikeln). Des Weiteren ist eine Integration (in Mendeley Desktop) aus Refworks, Zotero, Endnote und anderen Systemen möglich. Mithilfe des sogenannten Web-Importers können Dokumente und Referenzen aus über 30 akademischen Datenbanken importiert werden. Mendeley Desktop ist mit Mendeley Web verknüpft. Des Weiteren steht Mendeley in Beziehung zu Facebook. Zudem kann das Nutzerprofil von Mendeley auf anderen Websites dargestellt werden. [206] Das Kriterium „**Integration**" wird mit voll erfüllt (+1) bewertet.

Die **Profilpflege** übernimmt der Nutzer selbst.

Eine **Motivation zur Profilpflege** geht von den diversen Funktonen, die das System bietet, aus. Mittels eines aktuellen Profils kann sich der Nutzer einer breiten wissenschaftlichen Community präsentieren. Das System unterstützt ihn dabei mit unterschiedlichen Visualisierungen und der Versendung von E-Mails. Insgesamt wird somit von einer hohen Motivationswirkung des Systems ausgegangen und das Kriterium wir mit „voll erfüllt" (+1) bewertet.[207]

---

[205] Vgl. Mendeley, 2013 („Profile"), o.S.
[206] Vgl. Mendeley, 2013 („Profile"), o.S; Mendeley, 2013 ("Dashboard"), o.S:
[207] Vgl. Mendeley, 2013 („Profile"), o.S.

Bewertung des Umgangs mit Problemfeldern

Im Hinblick auf den **Umgang des Systems mit Namensverwandten** lassen sich keine Ansätze identifizieren. Da die Forscher ihre Profile selbst anlegen und auch selbst pflegen,[208] wozu auch die Eingabe ihrer Veröffentlichungen zählt, erfolgt die (eindeutige) Zuordnung von Veröffentlichungen durch die Nutzer selbst. Fehler und falsche Zuordnungen sind in diesem Zusammenhang möglich. Vor diesem Hintergrund wird dieses Kriterium mit „nicht erfüllt" (-1) bewertet.

Ansätze zum **Umgang mit Namensvarianten** lassen sich nicht identifizieren. Ein Namenswechsel kann durch den Forscher selbst im Profil eingepflegt werden.[209] Das heißt, der Umgang mit Namenswechsel und verschiedenen Namensvarianten liegt in der Verantwortung der Nutzer. Das Kriterium wird deshalb mit teilweise erfüllt" (-1) bewertet.

Datenschutzaspekte scheinen voll erfüllt zu sein. Es gibt dazu umfassende Informationen.[210] Aus diesem Grund wird hier davon ausgegangen, dass der Datenschutz umfassend erfüllt wird, sodass sich hier eine Bewertung mit +1 ergibt.

Bewertung der Erfüllung er Nutzeranforderungen

Der **Wunsch nach Selbstdarstellung** wird umfassend unterstützt. So bietet das Profil diverse Möglichkeiten sich mittels verschiedener Aspekte (Foto, Lebenslauf, Projekte, Veröffentlichungen etc.) zu präsentieren.[211] Des Weiteren kann die Selbstdarstellung durch Teilnahme an Diskussionsgruppen etc. erfolgen. Das Kriterium wird demnach mit +1 („voll erfüllt") bewertet.

Unterstützung der Bequemlichkeit erfolgt durch Mendeley u.a durch die Möglichkeit viele Informationen (z. B. Dokumente, Publikationen) aus anderen Systemen einzubinden. Auch können aufgebaute Profile aus Mendeley in andere Seiten integriert werden. Weiterhin hat Mendeley einen erheblichen Funktionsumfang, sodass der Nutzer das System nicht verlassen muss, sondern nahezu alle relevanten Funktionen direkt in Mendeley findet. Zudem ist Mendeley mit Facebook verbunden und

---

[208] Vgl. Mendeley, 2013 („Profile"), o.S.
[209] Vgl. Mendeley, 2013 („Profile"), o.S.
[210] Vgl. Mendeley, 2013 ("Privacy"), o.S:
[211] Vgl. Mendeley, 2013 („Profile"), o.S.

es ist beispielsweise auch ein Login über Facebook-Anmeldedaten möglich. [212] Das Kriterium wird deshalb mit „voll erfüllt" (+1) bewertet.

Vertrauen und Vertraulichkeit scheinen ebenfalls weitgehend erfüllt zu sein. Soweit es im Rahmen der Analyse feststellbar war, ist es nicht möglich, unerwünschte Inhalte zu ergänzen. Da die Forscher ihre Profile selbst pflegen und auch die Möglichkeit haben, Publikationen anzugeben[213] ist es hier allerdings möglich, dass falsche Angaben gemacht werden. Das Kriterium wird deshalb mit „teilweise erfüllt" (0) bewertet.

Mendeley bietet u.a Diskussionsgruppen, die beispielsweise nach unterschiedlichen Themenfeldern geordnet sind.[214] Eine **Gruppierung von Kommunikationsteilnehmern und Äußerungen** erfolgt somit. Das Kriterium wird deshalb mit „voll erfüllt" (+1) bewertet.

Das System ist problemlos, schnell und einfach nutzbar. Die Funktionen sind einfach verständlich und leicht nutzbar. Es gibt diverse Erläuterungen und Hilfestellungen. Demnach wird Mendeley als sehr **benutzerfreundlich** bewertet. Das Kriterium gilt somit als „voll erfüllt" (+1).

Mendeley bietet umfassende **Unterstützung beim Suchen und Finden und bei Partizipation und Kooperation**. Es hilft beim Auffinden von Literatur, Personen, bietet zum Teil Quellenzugriff und hilft bei der Suche nach Kooperationspartnern.[215] Das Kriterium kann somit als „voll erfüllt" (+1) bewertet werden.

Zur **Evaluation von Leistungen und dem Management on Expertise** bietet Mendeley keine Auswertungen, Statistiken oder Bewertungen.[216] Das Kriterium wird demnach mit „nicht erfüllt" (-1) bewertet.

---

[212] Vgl. Mendeley, 2013 („Profile"), o.S.; Mendeley, 2013 („How we help"), o.S; Mendeley, 2013 ("Login"), o.S:
[213] Vgl. Mendeley, 2013 ("Profile"), o.S.
[214] Vgl. Mendeley, 2013 (Groups"),o.J., o.S.
[215] Vgl. Mendeley, 2013 ("Search"), o.S.; Mendeley 2013 ("Groups"), o.S.; Mendeley, 2013 ("Papers"), o.S.
[216] Vgl. ResearchGate, 2013 ("Profile"), o.S.

3.3.6 ORCID

3.3.6.1 Kurzbeschreibung

ORCID (Open Researcher and Contributor ID) hat das Ziel, einen sowohl unabhängigen als auch offenen Standard zu schaffen, der der Identifikation von wissenschaftlichen Autorinnen und Autoren dient und die bestehenden Initiativen und Identifikationssysteme bündelt. Zur Erfüllung dieser Zielsetzung verfolgt ORCID die Schaffung eines dauerhaften und eindeutigen Identifikators. Dieser soll eine verbindliche Zuordnung von Autorinnen und Autoren sowie weiteren Mitwirkenden ermöglichen.[217]

Bei ORCID können sich Forscher registrieren, sie erhalten dann eine Identifikationsnummer, mit der sie ein Leben lang verbunden bleiben können. Ziel des Systems ist es, den einzelnen Forscher innerhalb der Vielzahl der Forscher weltweit identifizierbar zu machen. Insbesondere die Problematik von „Allerweltsnamen", Namensveränderungen (z. B. durch Heirat), schwer identifizierbaren asiatischen Namen sowie der oftmals schwierigen Zuordnung von Publikationen zu Forschern will ORCID lösen.[218]

ORCID spricht nicht nur Autoren wissenschaftlicher Artikel und Bücher an (Researcher), sondern richtet sich auch an Forscher die Datensätze (z. B. Software oder Patente) erzeugen (Contributor). Der ORCID zugrunde liegende Forscherbegriff ist damit recht weit gefasst.[219]

Insgesamt umfasst die ORCID-Community nicht nur einzelne Forscher, sondern auch Universitäten, Laboratorien, kommerzielle Forschungseinrichtungen, Autoren, internationale Datenspeicher etc.[220]

ORCID stehen diverse Organisationen (z. B. Wiley-Blackwell, NYU-SOM) zur Seite und viele weitere Organisationen (z. B. Scopus, researcher ID, figshare) nutzen ORCID-Nummern in ihrem System. ORCID wird durch eine Non-Profit Organisation gesteuert. [221]

---

[217] Vgl. ORCID, 2013 ("Start"), o.S.
[218] Vg. Lugger, 2012b, o.S:
[219] Vgl. Lugger, 2012b, o.S.
[220] Vgl. ORCID, 2013 ("Community"), o.S:
[221] Vgl. Lugger, 2012b, o.S.

Die folgende Abbildung zeigt die Startseite von ORCID.

Abbildung 12:   ORCID Startseite
Quelle: ORCID, 2013, („Start") o.S.

3.3.6.2 Kriteriengeleitete Analyse

Bei ORCID besteht die Möglichkeit sich als Forscher einzuloggen, es können sich allerdings auch Organisationen anmelden. Die folgende kriteriengeleitete Analyse fokussiert ausschließlich die Nutzung von ORCID durch einzelne Forscher.

ORCID umfasst aktuell 228.930 Identitäten.[222] Die **Größe** des Systems wird demnach als „mittel" (0) eingestuft.

Betreiber von ORCID ist eine Non-Profit Organisation (ORCID Inc.).[223]

Die **Ausrichtung** von ORCID ist nicht auf bestimmte Wissenschaftsgebiete beschränkt. ORCID richtet sich vielmehr an alle Forscher. *„ORCID kennt keine geographischen oder fachlichen Grenzen [...]"*,[224] sodass von einer umfassenden Ausrichtung gesprochen werden kann und das Kriterium mit +1 bewertet wird.

Die Funktionen von ORCID richten sich auf zwei Schwerpunkte: *„ORCID provides two core functions:(1) a registry to obtain a unique identifier and manage a record of activities, and (2) APIs that support system-to-system communication and authentica annual public data file under a CC0 waiver for free download."*[225] ORDID bietet dem

---

[222] Vgl. ORCID, 2013 („Statistics"), o.S.
[223] Vgl. ORCID, 2013 ("Contact"), o.S.; Lugger, 2012b, o.S.
[224] Lugger, 2012b, o.S.
[225] ORCID, 2013 („What is ORCID"), o.S:

Nutzer, anders als beispielsweise Mendeley oder ResearchGate keine Gruppen-und Community-Funktionen. Entsprechend dieser Konzentration auf zwei Kernfunkionen wird der **Funktionsumfang** von ORCID mit „mittel" (0) bewertet.

Die **Zielsetzung** von ORCID ist die Lösung des Problems von Namens-Doppeldeutigkeiten in der Wissenschafts- und Forschungskommunikation durch die Schaffung eines eindeutigen Identifikators für den einzelnen Forscher. Des Weiteren hat ORCID das Ziel, eine offene und transparente Verbindung zwischen ORCID und anderen Forscher-Identifikationssystemen zu schaffen.[226] Diese Zielsetzung konzentriert sich somit in erster Linie auf zwei wesentliche Aspekte und wird deshalb mit 0 („mittel") bewertet.

Bewertung der Funktionsweise des Systems

Der **Anmeldevorgang** erfordert in einem ersten Schritt die Eingabe von Vorname und Name, E-Mail-Adresse, Bestätigung der E-Mail-Adresse, Passwort (mindestens 8 Zeichen davon eine Zahl und ein Großbuchstabe oder Zeichen) und Passwortbestätigung. In einem nächsten Schritt können Informationen u.a. zu Arbeiten, Patenten, Förderungen, Mitgliedschaften sowie persönliche Informationen hinzugefügt werden. Im Hinblick auf die Ergänzung von Arbeiten gibt es die Möglichkeit diese manuell zu ergänzen oder sie zu importieren. Das System vergibt während des Anmeldevorgangs einen 16-stelligen Code an den neuen Nutzer.[227] Der Anmeldevorgang wird mit der Versendung einer E-Mail durch ORCID abgeschlossen, in der der Nutzer einen Link anklicken kann, um die Adresse zu verifizieren.[228] Der Anmeldevorgang ist umfassend und wird mit +1 bewertet.

Ein **Login** erfolgt mit E-Mail und Passwort.

Eine **Verifizierung** als Forscher erfolgt nicht. Es ist für jeden problemlos möglich sich anzumelden. Aus diesem Grund wird dieses Kriterium mit „nicht erfüllt" (-1) bewertet.

Das **Nutzerprofil** umfasst drei Schwerpunkte:[229]

1. Publikationen
2. Förderungen
3. Patente

---

[226] Vgl. ORCID, 2013 („Our Mission"), o.S:
[227] Vgl. ORCID, 2013 („My ORCID"), o.S.
[228] Vgl. ORCID, 2013 ("E-Mail"), o.S.
[229] Vgl.ORCID, 2013 („Profil"), o.S.

Die Ausgestaltung dieser drei Bereiche obliegt dem Nutzer, er kann hier umfassende Informationen zu sich und seiner Arbeit aufführen. Deshalb wird dieses Kriterium mit +1 bewertet.

Veränderungen im Nutzerprofil kann bei ORCID nur der jeweilige Nutzer vornehmen. Inwiefern hier u.U. Lücken vorhanden sind, kann nicht abschließend festgestellt werden. Bei einem Selbsttest war es nicht möglich, auf die Profile anderer Nutzer zuzugreifen. ORCID bietet zudem die Möglichkeit für verschiedene Aspekte Berechtigungen festzulegen, so kann beispielsweise für persönliche Daten festgelegt werden, welche davon öffentlich sichtbar sein sollen und welche nicht.[230] Deshalb wird in Bezug auf das Kriterium der **Autorisierung** davon ausgegangen, dass die Zugriffsrechte in vollem Umfang geregelt sind, sodass dieses Kriterium hier mit voll erfüllt (+1) bewertet wird.

ORDID bietet u.a. zur Auflistung von Arbeiten eines Autors die Möglichkeit, diese aus anderen Systemen (z. B. Researcher ID, Scopus, Cross Metadata Search) zu importieren. *„ORCID has been working with many member organizations to make it easy to connect your ORCID iD, and import information from their records. Choose one of the imports wizards to get started."*[231] ORCID unterstützt somit die **Integration** von bestehenden Daten umfassend, sodass dieses Kriterium hier mit voll erfüllt bewertet wird (+1).

Die **Pofilpflege** übernimmt der Nutzer selbst.

Eine **Motivation zur Profilpflege**, (z. B. in Form von Visualisierungen, Erinnerungsmails) ist bei ORCID nicht identifizierbar. Das Kriterium wird somit mit „nicht erfüllt" (-1) bewertet.

Bewertung des Umgangs mit Problemfeldern

Eine wesentliche Zielsetzung von ORCID besteht in der Lösung der **Namensproblematik (mehrere Forscher mit gleichem Namen)** und der eindeutigen Zuordnung von Arbeiten (vgl. dazu die Ausführungen um Kriterium „Zielsetzung" in diesem Kapitel). Zu diesem Zweck arbeitet ORCID mit einer 16-stelligen Identifikationsnummer für jeden Forscher. Zudem gibt es die Möglichkeit für Forscher, in ihrem Profil mehre-

---

[230] Vgl. ORCID, 2013 (Profile"), o.S.
[231] ORCID, 2013, („Import Work"), o.S.

re Namensvarianten anzugeben.[232] Das Kriterium wird deshalb mit voll erfüllt (+1) bewertet.

Auch in Bezug auf die Problematik des **Namenswechsels und der Namensvarianten** scheint die Identifikationsnummer sowie die Möglichkeit verschiedene Namen im Profil anzugeben, eine sinnvolle Lösung zu sein. Das Kriterium wird deshalb mit „voll erfüllt" (+1) bewertet.

Der **Datenschutz** scheint bei ORCID umfassend erfüllt zu sein. Es gibt diverse Regelungen[233] und der Nutzer kann im Hinblick auf die Daten seines Profils, die öffentlich zugänglich sein sollen, eine Auswahl treffen.[234] Dieses Kriterium wird somit mit „voll erfüllt" (+1) bewertet. Ggf. existierende Probleme in Bezug auf den Datenschutz bei ORCID waren im Rahmen der durchgeführten Analyse nicht feststellbar.

Bewertung der Erfüllung der Nutzeranforderungen

Der **Wunsch nach Selbstdarstellung** wird durch ORCID unterstützt, da ein Profil mit diversen Daten angelegt werden kann. Allerdings kann im Profil kein Foto eingefügt werden[235] und auch die Teilnahem an Diskussionen, Communities etc. ist nicht möglich. Deshalb wird die Unterstützung des Wunsches nach Selbstdarstellung hier mit „teilweise erfüllt" (0) bewertet.

Die **Unterstützung der Bequemlichkeit** erfolgt bei ORCID durch die Möglichkeit, Daten aus anderen Systemen zu importieren. Allerdings bietet das System, anders als beispielsweise ResearchGate wenige Zusatzfunktionen. Das Kriterium wird hier deshalb mit „teilweise erfüllt" (0) bewertet.

Vertrauen und Vertraulichkeit sind, soweit feststellbar, erfüllt. Es war im Rahmen der Analyse nicht möglich, unerwünschte Inhalte in anderen Profilen zu ergänzen. Zudem können die Nutzer in Bezug auf viele Daten selbst bestimmten, ob sie diese öffentlich machen wollen.[236] Ggf. besteht für den Nutzer die Möglichkeit, Publikationen einzufügen, die er nicht selbst erstellt hat. Das Kriterium wird deshalb mit voll erfüllt (0) bewertet.

---

[232] Vgl. ORCID, 2013 ("Profile"), o.S.
[233] Vgl. ORCID („Privacy"), o.S.
[234] Vgl. ORCID, 2013 (Profile"), o.S.
[235] Vgl. ORCID, 2013 („Profile"),o.S.
[236] Vgl. ORCID, 2013 („Profile"),o.S.

Eine **Gruppierung von Kommunikationsteilnehmern und Äußerungen** erfolgt nicht. Das Kriterium wird somit mit „nicht erfüllt" (-1) bewertet.

ORCID ist für den Nutzer einfach verständlich, problemlos und schnell zu bedienen. Die **Benutzerfreundlichkeit** wird demnach mit voll erfüllt (+1) bewertet.

ORCID unterstützt da **Suchen und Finden** mit einer umfassenden Suchfunktion (vgl. folgende Abbildung).[237]

Abbildung 13:   ORCID Suche
Quelle: ORCID, 2013 („Search"), o.S.

Im Vergleich mit umfassenderen Systemen wie ResearchGate oder Mendeley scheint ist die Unterstützung im Hinblick auf Kooperation und Partizipation allerdings nicht gegeben, sodass dieses Kriterium hier mit „teilweise erfüllt" (0) bewertet wird.

Eine **Hilfestellung bei der Evaluation von Leistungen** leistet ORCID nicht. Das Kriterium ist damit „nicht erfüllt" (-1).

---

[237] Vgl. ORCID, 2013, („Search"), o.S.

3.4 Zusammenführung der Untersuchungsergebnisse: Vergleich, Gemeinsamkeiten und Unterschiede

Im Rahmen dieses Kapitels geht es darum, die Ergebnisse der durchgeführten Analyse im Überblick dazustellen, um letztlich eine Grundlage für die Identifikation von Schwachstellen und einer Entwicklung darauf aufbauenden Empfehlungen in Kapitel vier zu schaffen. Zu diesem Zweck wird nachfolgend geordnet nach den untersuchten Kriteriengruppen zunächst jeweils ein kurzer tabellarischer Überblick über die Untersuchungsergebnisse gegeben. Dieser wird anschließend näher erläutert.

3.4.1 Charakteristika der Systeme

	RAS	Nature Network	VIAF	Research-Gate	Mendeley	ORCID
Größe/Reichweite	-1	-1	+1	+1	+1	0
Betreiber	Unter-nehmen	Unter-nehmen	Bibliothek	Unterneh-men	Unter-nehmen	Non-Profit-Organisation
Ausrichtung	-1	0	+1	+1	+1	+1
Funktionsumfang	0	+1	-1	+1	+1	0
Zielsetzung/Anspruch	-1	+1	+1	+1	+1	0

Tabelle 7: Gegenüberstellung der Bewertung der Charakteristika der Systeme
Quelle: selbst erstellt

Die Tabelle zeigt, dass die Bandbreite der untersuchten Systeme recht groß ist. Sie unterscheiden sich in ihrer Größe, ihrer Ausrichtung und ihrer Zielsetzung. Es ist allerdings anzumerken, dass die Kriterien, Größe und Ausrichtung zusammenhängen. So sind diejenigen Systeme, die sich nur auf einige oder wenige Forschungsbereiche konzentrieren, wie RAS und Nature Network auch die Systeme mit den wenigsten Nutzern und damit der geringsten Größe. Des Weiteren ist zu erwähnen, dass die Vergleichbarkeit der Systeme im Hinblick auf die Größe insofern eingeschränkt ist als das bei VIAF, die Bewertung der Größe nicht anhand von Nutzerzahlen, sondern anhand nutzender Bibliotheken erfolgte.

Insgesamt hebt sich VIAF als einziges Bibliothekssystem sehr stark von den anderen betrachteten Systemen ab. Neben VIAF als Bibliothekssystem können die übrigen Systeme in zwei weitere Gruppen unterteilt werden. So sind RAS und ORCID Systeme, die die Profilerstellung und das Identitätsmanagement in den Fokus stellen und kaum weitere Funktionen aufweisen. Die anderen drei Systeme, Nature Network, ResearchGate sowie Mendeley sind deutlich umfassender ausgerichtet und bieten diverse zusätzliche Funktionen. Profilerstellung und Identitätsmanagement sind nur ein Aspekt unter vielen. Aus den hier analysierten Systemen kann demnach abgeleitet werden, dass es drei wesentliche Gruppen von Systemen gibt:

1. Bibliothekssysteme, die dadurch gekennzeichnet sind, dass Nutzer ihre Profile nicht selbst pflegen (VIAF).

2. Ausschließlich auf Profilerstellung/Identitätsmanagement fokussierte Systeme (ORCID, RAS).

3. „Community-Systeme", die wie eine Art „Facebook" für Forscher funktionieren und diverse Funktionen aufweisen.

3.4.2 Funktionsweise der Systeme

	RAS	Nature Network	VIAF	Research- Gate	Mendeley	ORCID
Anmeldevorgang	+1	0	/	+1	+1	+1
Login	E-Mail + Passwort	E-Mail + Passwort	/	E-Mail + Passwort	E-Mail + Passwort	E-Mail + Passwort
Verifizierung als For- scher	0	-1	-1	+1	0	-1
Daten im Nutzerprofil	0	+1	+1	+1	+1	+1
Autorisierung	+1	+1	/	+1	+1	+1
Integration	0	-1	/	0	+1	+1
Profilpflege	Nutzer	Nutzer	Betreiber/ System	Nutzer	Nutzer	Nutzer
Motivation zur Profil- pflege	+1	0	/	+1	+1	+1

Tabelle 8: Gegenüberstellung der Bewertung der Funktionsweise der Systeme
Quelle: selbst erstellt

Im Hinblick auf die Funktionsweise der Systeme lässt sich zunächst festhalten, dass auch in dieser Kategorie VIAF wiederum die Ausnahme bildet, da es einen grundlegend anderen Ansatz verfolgt als die übrigen Systeme. Aus diesem Grund konnten einige Kriterien gar nicht beurteilt werden. So war es nicht möglich, sich als Testnutzer anzumelden, um das System zu analysieren, da die Profile in VIAF nicht von den Nutzern selbst angelegt werden können.

Bezüglich der anderen Systeme lässt sich festhalten, dass der Anmeldevorgang größtenteils umfassende Informationen abfragt und dass auch die im Profil vorhandenen Daten bei fast allen analysierten Systemen recht umfassend sind. Auch im Hinblick auf die Motivation zur Profilpflege zeigen die meisten Systeme umfassende Ansätze. In diesem Zusammenhang ist allerdings darauf hinzuweisen, dass das Angebot von Visualisierungen sowie das Versenden von E-Mails durch das System als adäquate Ansätze zur Motivation betrachtet wurden. Das ist allerdings eine recht subjektive Wertung, die ggf. zu relativieren ist.

In Bezug auf das Kriterium „Integration", bei dem ursprünglich davon ausgegangen wurde, das es schwierig bewertbar ist, lässt sich aussagen, dass einige Systeme tatsächlich Ansätze für die Integration von Daten aus anderen Systemen bieten. Insbesondere bei Mendeley und ORCID ließen sich dazu recht umfassende Möglichkeiten identifizieren.

Besonders interessant ist in diesem Abschnitt der Aspekt, dass es nur ein System (ResearchGate) gibt, bei dem eine tatsächliche Verifizierung eines Nutzers als Forscher im Anmeldevorgang erfolgt. Bei allen anderen Systemen erfolgt diese nicht. So ist nur in ResearchGate sichergestellt, dass sich nur Forscher anmelden können, in den anderen Systemen können sich auch andere Interessierte problemlos anmelden. Dort werden zwar auch Fachgebiete oder Forschungsinteressen o.Ä. abgefragt, eine Überprüfung der Angaben erfolgt allerdings nicht. Allerdings bildet VIAF auch hier wiederum eine Ausnahme, da die Nutzer sich hier nicht selbst anmelden, dennoch konnte in Bezug auf VIAF festgestellt werden, dass nicht ausschließlich Forscherprofile im System vorhanden sind, sondern auch Profile anderer Personen, wie Schriftsteller.

Des Weiteren ist anzumerken, dass die Bewertungen im Hinblick auf den Aspekt der Autorisierung lediglich darauf beruhen, dass es bei der Analyse der Systeme nicht gelungen ist, auf nicht öffentliche Ressourcen zuzugreifen. Demnach wurde davon ausgegangen, dass Aspekte der Autorisierung (Regelung von Zugriffsrechten) in vollem Umfang geregelt sind. Auch in der Literatur fanden sich keine Hinweise auf mögliche Probleme in diesem Zusammenhang. Ob hier ggf. Lücken vorhanden sind, konnte im Rahmen der Analyse allerdings nicht zu 100% sicher beurteilt werden. Somit sollten die hier erfolgten Bewertungen der Autorisierung unter Vorbehalt betrachtet werden.

3.4.3 Umgang mit Problemen

	RAS	Nature Network	VIAF	Research-Gate	Mendeley	ORCID
Forscher mit Namensverwandten	+1	-1	+1	+1	-1	+1
Forscher wechseln Namen/verwenden unterschiedliche Namensformen	+1	-1	+1	-1	-1	+1
Datenschutz	+1	+1	+1	+1	+1	+1

Tabelle 9: Gegenüberstellung der Bewertung des Umgangs mit Problemfeldern

Quelle: selbst erstellt auf Basis der kriteriengeleiteten Analyse in Kapitel 3.3.

Im Hinblick auf die Namensproblematik (Forscher mit Namensverwandten und Nutzung von Namensvarianten) fällt auf, dass es bereits einige Systeme gibt, die versuchen, das Problem zu bewältigen. Dabei besteht ein Ansatz (bei RAS und ORCID) darin, dass die Nutzer die Möglichkeit bekommen mehrere Varianten ihres Namens anzugeben. ORCID arbeitet zusätzlich mit einer Identifikationsnummer für Forscher, die eine eindeutige Identifikation der Person ermöglichen soll. Bei ResearchGate hilft die Verifizierung der Forscherzugehörigkeit zu einer Institution anhand der Überprüfung der E-Mail-Adresse bei der Unterscheidung mehrerer Forscher gleichen Namens. Insgesamt lässt sich allerdings feststellen, dass einige Systeme (wie Nature Network) die Namensproblematik gar nicht aufgreifen und es in diesem Zusammenhang durchaus noch Verbesserungspotenziale gibt.

Im Hinblick auf den Datenschutz können an dieser Stelle ähnliche Aussagen gemacht werden, wie zum Kriterium der Autorisierung. Grundsätzlich gibt es in allen Systemen umfassende Aussagen und Regelungen zum Datenschutz. Ob der Datenschutz allerdings grundsätzlich in vollem Umfang gewährleistet ist, war im Rahmen der durchgeführten Analyse nicht überprüfbar, sodass aufgrund der in den Systemen vorliegenden Ausführungen zum Datenschutz zunächst davon ausgegangen wurde, dass dieser bei allen gewährleistet ist.

3.4.4 Erfüllung der Nutzeranforderungen

	RAS	Nature Network	VIAF	Research-Gate	Mendeley	ORCID
Unterstützung des Wunsches nach Selbstdarstellung	0	+1	+1	+1	+1	0
Unterstützung der Bequemlichkeit	0	+1	-1	+1	+1	0
Vertrauen/Vertraulichkeit	+1	0	+1	0	0	0
Gruppierung von Kommunikationsteilnehmern und Äußerungen	-1	+1	-1	+1	+1	-1
Benutzerfreundlichkeit	+1	+1	+1	+1	+1	+1
Hilfe beim Suchen und Finden, bei Partizipation und Kooperation	-1	+1	0	+1	+1	0
Hilfestellung bei der Evaluation von Leistungen	+1	-1	0	+1	-1	-1

Tabelle 10: Gegenüberstellung der Bewertung der Erfüllung der Nutzeranforderungen

Quelle: selbst erstellt

Die Bewertung der Erfüllung der unterschiedlichen Nutzeranforderungen steht in enger Beziehung zu Ausrichtung, Zielsetzung und Funktionsumfang des jeweiligen Systems. Je umfassender Ausrichtung, Zielsetzung und Funktionsumfang, desto besser können Kriterien, wie die Unterstützung des Wunsches nach Selbstdarstellung, die Unterstützung der Bequemlichkeit, die Gruppierung von Kommunikationspartnern sowie die Hilfe bei Suchen, Finden und Kooperation erfüllt werden. So kommt ein sehr umfassendes und breit gefächertes System, wie Research Gate diesen Anforderungen deutlich besser entgegen als ein System wie RAS, das sich nur auf einen einzelnen Aspekt fokussiert. Daraus lässt sich schließen, dass die Nutzer umfassendere Systeme mit einem großen Funktionsumfang bevorzugen, was auch durch die hohen Nutzerzahlen der beiden großen Systeme Mendeley und ResearchGate belegt wird.

Im Hinblick auf die Nutzeranforderung der Leistungsevaluation lässt sich feststellen, dass hier derzeit noch recht große Verbesserungspotenziale zu sehen sind.

4 Gestaltungsempfehlungen zum Scholarly Identity Management

In diesem Kapitel sollen auf Basis der Analyseergebnisse aus Kapitel drei einige Empfehlungen für die Gestaltung von Scholarly Identity Management-Systemen abgeleitet werden. Dabei wird wiederum auf die bereits im Rahmen der Analyse zurückgegriffene Strukturierung gemäß der vier Kriteriengruppen Charakterisierung des Systems, Funktionsweise, Problemfälle und Nutzeranforderungen zurückgegriffen.

4.1 Empfehlungen im Hinblick auf allgemeine Systemcharakteristika

Wie im Rahmen der Analyse in Kapitel drei gezeigt werden konnte, sind die aktuell existierenden Systeme, die ein Identitätsmanagement für Forscher beinhalten, sehr unterschiedlich. Bereits die sechs in dieser Arbeit untersuchten Systeme weisen erhebliche Unterschiede auf. Da zusätzlich zu diesen sechs untersuchten Systemen diverse weitere Systeme existieren (Tabelle 3 gibt einen Einblick), kann davon ausgegangen werden, dass diese Unterschiede noch deutlich umfassender sind, als im Rahmen dieser Arbeit festgestellt werden konnte. Demnach lässt sich hier festhalten, dass das derzeit sich ergebende Bild von Scholarly Identity Management Systemen sehr uneinheitlich ist. Die Systeme verfolgen unterschiedliche Ziele und bieten sehr unterschiedliche Funktionen und unterscheiden sich in ihrer Ausrichtung, manche Systeme sind miteinander verknüpft. Daraus ergibt sich auch für die Forscher, die diese Systeme nutzen, ein Entscheidungsproblem, welches System überhaupt sinnvoll nutzbar ist und welche Vor- und Nachteile sich für den Forscher durch eine Systemnutzung ergeben. Vor dem Hintergrund der Problematik des sehr unübersichtlichen und uneinheitlichen Bildes der Scholarly Identity Management Systeme ergeben sich verschiedene Empfehlungen.[238]

Eine erste Empfehlung bezieht sich nicht auf Veränderungen bzw. Verbesserungen bei den Systemen selbst, sondern richtet sich auf eine Verbesserung des Überblicks über Scholarly Identity Management Systeme. In diesem Zusammenhang scheint es besonders wichtig, in der Wissenschaft ein umfassenderes Bild über diese Systeme zu gewinnen und Systematisierungen zu erarbeiten, die das derzeit unklare Bild strukturieren. Daraus sollten Hilfestellungen, beispielsweise in Form von Checklisten, für Forscher entwickelt werden, die u.a. eine Unterstützung bei der Auswahl eines geeigneten Systems bilden.

---

[238] Vgl. dazu die Ausführungen zur kriteriengeleiteten Analyse in Bezug auf die Charakteristika der Systeme (Kapitel 3.3) und die Zusammenfassung der Analyseergebnisse in Kapitel 3.4.1.

Eine zweite Empfehlung richtet sich auf die Ausgestaltung der Systeme. Hier wäre zukünftig ggf. eine stärkere Annäherung und Vereinheitlichung unterschiedlicher Ansätze wünschenswert.

4.2 Empfehlungen im Hinblick auf die Funktionsweise der Systeme

Bezüglich der Funktionsweise der Systeme lässt sich festhalten, dass Anmeldevorgang, Login sowie Profildaten offenbar bei allen untersuchten Systemen so ausgelegt sind, dass hier kaum Verbesserungen erforderlich sind. Verbesserungspotenziale lassen sich allerdings insbesondere im Hinblick auf drei Aspekte identifizieren. Dazu zählen die Verifizierung als Forscher, die Integration von Daten sowie die Motivation zur Profilpflege.

Besonders auffällig war die Tatsache, dass nur in ResearchGate eine tatsächliche Verifizierung als Forscher erfolgt.[239] Dementsprechend scheint es empfehlenswert, auch in anderen Systemen stärkere Mechanismen einzufügen, die die Anmeldung durch Nicht-Forscher stärker eingrenzen. Ein möglicher Ansatz ist der von ReseachGate verfolgte, in dessen Rahmen die Zugehörigkeit eines Forschers zu einer Institution über eine aktive E-Mail-Adresse an dieser Institution überprüft wird.[240] Ein anderer möglicher Ansatz wäre ggf. die Verifizierung anhand eines akademischen Titels, wobei hier zu prüfen wäre, inwieweit dies im Rahmen einer Online-Überprüfung tatsächlich umsetzbar wäre. Eine weitere Idee ist die Zusendung einer Mitgliedbescheinigung (Mitarbeiterausweis o.Ä) durch den Forscher an den Betreiber des Systems, allerdings wäre auch hier vorab zu prüfen, inwieweit ein solches Vorgehen automatisiert werden könnten und ob ggf. entstehender Verwaltungsaufwand zu rechtfertigen wäre.

Im Hinblick auf die Verifizierung als Forscher ist allerdings die Frage zu stellen, ob es tatsächlich sinnvoll ist, grundsätzlich alle Nicht-Forscher aus Scholarly Identity Management Systemen auszuschließen. Ggf. können sich ja auch durch die Zusammenarbeit von Forschern und Nicht-Forschern sehr gute Ergebnisse entwickeln und ggf. haben Praktiker sinnvolle Ideen und Lösungsansätze für Forschungsfragen. Letztlich bleibt in diesem Zusammenhang auch die Frage offen, wie der Forscherbegriff zu definieren ist und welcher Forscherbegriff einem Scholarly Identity Managementsystem sinnvollerweise zugrunde liegen sollte. Dieser Aspekt wäre für künftige

---

[239] Vgl. Kapitel 3.3.4.
[240] Vgl. Kapitel 3.3.4.

Forschungsarbeiten relevant, sodass eine Klärung dieser Fragen eine weitere Empfehlung an dieser Stelle darstellt.

Wie festgestellt wurde, gibt es zwischen einigen Systemen Verbindungen und Ver-
netzungen. So ist beispielsweise RAS stark mit anderen RePEc-Services verknüpft[241] und ORCID beispielsweise mit Researcher ID, Scopus und weiteren[242],
auch Mendeley weist Verknüpfungen auf und ermöglicht zusätzlich mittels Mendeley
Desktop das Hochladen von Daten, die sich auf dem Rechner des Nutzers befinden.[243] Derartige Verknüpfungen machen die Integration bereits vorhandener Daten
einfacher. Allerdings war feststellbar, dass die meisten Systeme nur mit wenigen anderen in Verbindung stehen. Vor diesem Hintergrund wären umfassendere Verknüpfungen von Systemen und damit weiter gefächerte Integrationsmöglichkeiten von
Daten empfehlenswert. Zu diesem Zweck müssten umfassendere Kooperationen
zwischen den Systemen als bisher erfolgen und es müsste zudem eine stärkere Vereinheitlichung der Systeme u.a. im Hinblick auf genutzte Technologien erfolgen.

Als Motivation zur Profilpflege wurden in der Analyse u.a Visualisierungen im System
(z. B. Histogramme auf der Profilseite des Forschers) sowie Erinnerungsmails gewertet.[244] Ggf. wären in diesem Zusammenhang weitere Anreize sinnvoll. Vorstellbar
wäre eine Darstellung des Aktualitätsgrades des Profils, E-Mail-Benachrichtigungen,
wenn ein Profil seit längerer Zeit (1 Jahr) nicht mehr aktualisiert wurde oder die Er-
wähnung eines Forschers auf z. B. einer Newsseite, wenn er eine neue Veröffentlichung ergänzt hat o.Ä. Natürlich müsste auch hier vorab geprüft werden, ob solche
Vorschläge praktisch umsetzbar sind.

Abschließend sei bezüglich der Autorisierung an dieser Stelle nochmals darauf hingewiesen, dass in der durchgeführten Analyse keine Probleme festgestellt werden
konnte.[245] Das liegt vermutlich allerdings auch daran, dass eine Analyse als „Testnutzer" durchgeführt wurde, die keine tieferen Einblicke in die Sicherheitsvorkehrun-
gen des Systems zuließ. Demnach wäre es empfehlenswert, in Bezug auf den Aspekt der Autorisierung zukünftig weiterführende Untersuchungen durchzuführen. Das
scheint auch gerade vor dem Hintergrund, dass Probleme im Hinblick auf Autorisie-

---

[241] Vgl. Kapitel 3.3.1.
[242] Vgl. Kapitel 3.3.6.
[243] Vgl. Kapitel 3.3.5.
[244] Vgl. dazu den entwickelten Kriterienkatalog in Kapitel 3.2.
[245] Vgl. die Angaben zur Autorisierung bei allen Systemen (Kapitel 3.3.1-3.3.6), Kapitel 3.4.2.

rung und Datenschutz bei Identitätsmanagementsystemen in der Literatur immer wieder thematisiert werden,[246] wichtig.

4.3 Empfehlungen zum Umgang mit Problemfeldern

Da insbesondere hinsichtlich der Namensproblematik (also Forscher mit Namens-verwandten, Verwendung von Namensvarianten, Namenswechsel) festgestellt wer-den konnte, dass es hier aktuell noch wenig Lösungsansätze gibt,[247] sind an dieser Stelle erhebliche Verbesserungspotenziale vorhanden. Ein möglicher Ansatze zur Lösung des Problems ist die Eingabe möglicher Namensvarianten durch die Nutzer selbst im Anmeldeprozess (wie z. B. bei RAS).[248] Ein anderer Ansatz stellt die Arbeit mit einer Identifikationsnummer für Nutzer dar.[249] Letztlich ist diese Problematik al-lerdings noch nicht abschließend gelöst, sodass an dieser Stelle keine weiteren Ver-besserungsansätze für die Systeme selbst gemacht werden können. Grundsätzlich sind zu diesem Aspekt deshalb weitere Forschungsarbeiten empfehlenswert.

In Bezug auf den Aspekt des Datenschutzes gelten die gleichen Aussagen, die im vorherigen Abschnitt zur Autorisierung formuliert wurden.

4.4 Empfehlungen zur Verbesserung der Unterstützung der Zielgruppenan-forderungen

Zur Verbesserung der Nutzeranforderungen ergeben sich im Hinblick auf den Wunsch nach Selbstdarstellung, Unterstützung der Bequemlichkeit, Gruppierung von Kommunikationsteilnehmern, Suchen, Finden und Partizipation sowie Leistungseva-luation ebenfalls einige Empfehlungen. In Bezug auf die Benutzerfreundlichkeit[250] ließen sich keine Verbesserungspotenziale identifizieren, wobei hier allerdings ein-schränkend zu erwähnen ist, dass dies eine recht subjektiv geprägte Wahrnehmung ist, da bei der Analyse als Testnutzer, die Bedienung aller Systeme als unproblema-tisch empfunden wurden. Hier besteht natürlich die Möglichkeit, dass andere Nutzer dies unter Umständen anders beurteilen.

Im Hinblick auf den Wunsch nach Selbstdarstellung ist es empfehlenswert, dass die Systeme möglichst umfassende Profildarstellungen ermöglichen, nicht nur im Hin-blick auf die möglichen Inhalte, sondern auch im Hinblick auf Visualisierungen und

---

[246] Vgl. dazu z. B. Tsolkas/Schmidt, 2010, S. 33-34.
[247] Vgl. die Angaben zur Namensproblematik bei allen Systemen (Kapitel 3.3.1-3.3.6); Kapitel 3.4.3.
[248] Vgl. Kapitel 3.3.1.
[249] Vgl. Kapitel 3.3.4.
[250] Vgl. Kapitel 3.4.4.

die Einbindung von Fotos. Die meisten der analysierten Systeme unterstützen zwar eine umfassende Selbstdarstellung,[251] dennoch sind hier sicherlich noch Erweiterungen vorstellbar.

Nutzer wünschen sich die Darstellung von Kommunikationsteilnehmern und/oder Äußerungen in gruppierter Form. Hier war feststellbar, dass diejenigen Systeme mit Community-Charakter (ResearchGate, Nature Network, Mendeley)[252] solche Gruppierungen bieten. Die Systeme mit anderer Ausrichtung, wie VIAF als Bibliothekssystem[253] und RAS[254] und ORCID[255] als reine Profildatenbanken, weisen solche Gruppierungsmöglichkeiten nicht auf. Ggf. wäre in diesem Zusammenhang über eine Erweiterung dieser Systeme oder eine stärkere Verknüpfung mit Systemen, die solche Gruppierungen bieten, nachzudenken.

Ein weiterer Nutzerwunsch ist der nach Hilfe beim Suchen und Finden sowie Hilfe bei Partizipation und Kooperation. Den Aspekt des Suchens- und Findens unterstützen nahezu alle Systeme, Partizipation und Kooperation werden wiederum nur durch die Systeme mit Community-Charakter unterstützt, die übrigen weisen hier keine Hilfen auf. Auch in diesem Zusammenhang ist eine Erweiterung der Systeme in Betracht zu ziehen.

Bezüglich der Leistungsevaluation ließen sich noch recht große Lücken feststellen, sodass hier die Integration von Instrumenten zur Evaluation und zum Management von Expertise für viele Systeme sinnvoll scheint. Mögliche Ansätze bilden Tools, die Leistungen, z. B. Veröffentlichungen im Zeitablauf, grafisch darstellen. Ein Ansatz, der ggf. auch von anderen Systemen (in erster Linie Community-Systemen) aufgegriffen werden kann, ist der von ResearchGate entwickelte Score[256], der die Aktivität des Nutzers im System bewertet.

5 Fazit

Zielsetzung dieser Arbeit war die die Analyse des Status quo im Hinblick auf aktuell existierende Systeme, die ein Identitätsmanagement für Forscher bieten. Um diese Zielsetzung zu erreichen, stand neben einer Zusammenfassung der theoretischen

---

[251] Vgl. Kapitel 3.4.4.
[252] Vgl. Kapitel 3.4.1; 3.3.2; 3.3.4; 3.3.5.
[253] Vgl. Kapitel 3.3.3.
[254] Vgl. Kapitel 3.3.1.
[255] Vgl. Kapitel 3.3.6.
[256] Vgl. Kapitel 3.3.4.

Grundlagen insbesondere eine kriteriengeleitete Analyse von unterschiedlichen Systemen im Mittelpunkt der Arbeit. Auf Basis dieser Analyse wurden zudem Gestaltungsempfehlungen abgeleitet. Grob zusammengefasst ergab die Arbeit die folgenden Ergebnisse:

Sowohl im Hinblick auf die analysierte Literatur als auch als ein Ergebnis der kriteriengeleiteten Analyse kann festgehalten werden, dass sich das Untersuchungsfeld „Scholarly Identy Management" derzeit noch uneinheitlich und unsystematisch darstellt. Es gibt diverse unterschiedliche Systeme, die sich durch unterschiedliche Zielsetzungen, Ausrichtungen und Funktionen auszeichnen. Ein Resultat, dass sich in diesem Zusammenhang aus der Analyse der Systeme ableiten ließ, ist eine grobe Unterteilung in drei Systemgruppen. Diese Unterteilung umfasst als erste Gruppe Bibliothekssysteme, die sich sehr stark von den übrigen Systemen abheben und deren besonderes Merkmal darin besteht, dass die Nutzer des Systems ihre Profile nicht selbst anlegen und pflegen. Die zweite Gruppe kann als „Gruppe der Profilsysteme" bezeichnet werden, sie konzentrieren sich hauptsächlich auf das Anlegen und Pflegen von Profilen durch die Forscher und bieten kaum weiteren Funktionen. Die dritte Gruppe ermöglicht ebenfalls den Aufbau und die Pflege von Profilen durch die Forscher selbst, allerdings zeichnen sich diese Systeme durch ein erhebliches Maß an Zusatzfunktionen (Diskussionsgruppen, Foren, Blogs etc.) aus. Sie können als eine Art „Facebook" für Forscher" bezeichnet werden.

Es konnte festgestellt werden, dass die untersuchten Systeme insbesondere in Bezug auf die Verifizierung der Nutzer als Forscher, Ansätze zur Integration vorhandener Daten, die Motivation zur Profilpflege, die Namensproblematik (mehrerer Forscher mit gleichen Namen, Namensvarianten, Namenswechsel), die Unterstützung der Evaluation von Leistungen, die Gruppierung von Kommunikationsteilnehmern und der Hilfe bei Partizipation und Kooperation noch Schwächen und Lücken aufweisen und verbesserungsbedürftig sind.

Auf Basis dieser Schwachpunkte ließen sich ausgewählte Gestaltungsempfehlungen entwickeln. So bietet beispielsweise die Möglichkeit, mehrerer Namensvarianten bei der Erstellung eines Nutzerprofils anzugeben, einen Ansatzpunkt für den Umgang mit der Namensproblematik, die Nutzung von Identifikationsnummern für Forscher ist ein anderer Ansatzpunkt. Eine verbesserte Integration, also die Einbindungsmöglichkeit vorhandener Daten in ein Profil ließe sich durch vermehrte Verknüpfungen unterschiedlicher Systeme erreichen und verstärkte Kooperationsbemühungen zwischen unterschiedlichen Systemen erreichen. In Bezug auf fehlende und nicht ausreichende Funktionen, wie mangelnde Evaluationsmöglichkeiten, fehlende Unterstützung bei der Kooperation oder mangelnde Möglichkeiten der Gruppierung von Kommunikationsteilnehmern wären durch Erweiterungen der Systeme um ergänzende Funktionen oder Kooperationen mit Systemen, die die fehlenden Möglichkeiten bieten, lösbar.

Abschließend lässt sich feststellen, dass die im Rahmen der durchgeführten Analyse und die auf deren Basis ermittelten Ergebnisse einen ersten Ansatz zur Systematisierung und Strukturierung der aktuell noch unüberschaubaren und diffusen Thematik der Scholarly Identy Management Systeme bietet. Dennoch in diesem Themenfeld noch erheblicher Forschungsbedarf zu sehen. So wurden in dieser Arbeit nur sechs der vielen existierenden Systeme untersucht. Somit wäre es für die Zukunft sinnvoll, in weiteren Forschungsvorhaben eine deutlich größere Bandbreite von Systemen zu analysieren. Des Weiteren wurden die in dieser Arbeit verwendeten Kriterien aus den Ergebnissen der durchgeführten Literaturanalyse abgeleitet. Hier wäre es für die Zukunft vorstellbar, die entwickelten Kriterien mittels einer empirischen Untersuchung zu verifizieren. Insbesondere im Hinblick auf die Nutzeranforderungen wäre eine Befragung von Forschern und deren Bedürfnissen in Bezug auf Identitätsmanagementsysteme ein interessantes Untersuchungsobjekt. Nicht zuletzt ist zu erwähnen, dass die Überprüfung und Bewertung der Kriterien in dieser Arbeit zum Teil subjektiv geprägt ist. So ist beispielsweise die Beurteilung, inwieweit die Bequemlichkeit unterstützt wird oder inwieweit ein System benutzerfreundlich ist, ein subjektiver Eindruck des Verfassers. Andere Personen würden ggf. zu anderen Ergebnissen kommen. Aus diesem Grund bleibt festzuhalten, dass diese Arbeit sinnvoller Ansätze liefert, die zum Weiterdenken animieren sollen. Für die Zukunft wäre es deshalb wünschenswert, dass auf Basis des ersten Schrittes, den diese Arbeit leistet, weiterführende und umfassendere Untersuchungen vorgenommen werden, die das Themenfeld auf eine breitere Basis stellen.

6 Quellenverzeichnis

Baier, T. (2005): Persönliches digitales Identitätsmanagement: Untersuchung und Entwicklung von Konzepten und Systemarchitekturen für die kontrollierte Selbstdarstellung in digitalen Netzen, Dissertation Universität Hamburg, Hamburg.

Bernauer, D./ Hesse, G./ Laick, S./ Schmitz, B. (2011): Social Media im Personalmarketing, Erfolgreich in Netzwerken kommunizieren, Köln.

Bitkom, Bundesverband Informationswirtschaft, Telekommunikation und neue Medien e.V. (Hrsg.) (2009): Schriftenreihe Marketing und Vertrieb, Band 9. Social Media Marketing, Berlin, Internetquelle:, Abrufdatum: 20.05.2013.

Brown, E. (2013): Scholarly Communication, Binghampton University, Internetquelle:, Abrufdatum: 09.06.2013.

BSZ (Bibliotheks Service Centrum Baden Würtemberg) (2013): FAQ zur Gemeinsamen Normdatei, o.O. 2013, Internetquelle: https://wiki.bsz-bw.de/doku.php?id=v-team:faq:gnd, Abrufdatum: 13.08.2013.

Deutsche Nationalbibliothek (2011) („VIAF"): VIAF – Virtual International Authority File, Leipzig/Frankfurt am Main 2011, Internetquelle: http://www.dnb.de/DE/Wir/Projekte/Abgeschlossen/viaf.html, Abrufdatum: 04.07.2013.

Deutsche Nationalbibliothek (2013) („Gemeinsame Normdatei"): Gemeinsame Normdatei, o.O., 2013, Internetquelle: http://www.dnb.de/DE/Standardisierung/GND/gnd_node.html, Abrufdatum: 13.08.2013.

Deutsche Nationalbibliothek (2013) („VIAF"): Virtual International File (VIAF); Leipzig/Frankfurt am Main 2013, Internetquelle: http://www.dnb.de/DE/Standardisierung/GND/VIAF.html, Abrufdatum: 13.08.2013.

Deutsche Nationalbibliothek (2013) („Informationsseite"): Informationsseite zur GND, Leipzig/Frankfurt am Main 2013, Internetquelle: https://wiki.dnb.de/display/ILTIS/Informationsseite+zur+GND, Abrufdatum 12.08.2013.

Dietz, G./Götz, M. (2008): Serviceorientierung durch hochschulübergreifendes Identitätsmanagement, in: GI-Jahrestagung 2 (2008), München, S. 577-582.

Duden (1996): Die deutsche Rechtschreibung: Das Standardwerk zu allen Fragen der Rechtschreibung, Mannheim.

Duden online (2013): Wissenschaftler, der, Internetquelle: http://www.duden.de/rechtschreibung/Wissenschaftler, Abrufdatum 07.06.2013.

Ellmann, K./Breu, C./Weber, C. (o.J.): Evaluation: Kriterienkataloge, in: Seminar Grundlagen der Gestaltung und Evaluation multimedialer Lernumgebungen. Internetquelle: http://www.medpaed.de/dmdocuments/ss07/mumilu/handout_kriterienkataloge.pdf, Abrufdatum: 16.05.2013.

Fenner, M. (2011): Author Identifier Overview, o.O, 2011, Internetquelle: http://edoc.hu-berlin.de/libreas/18/fenner-martin-18/PDF/fenner.pdf, Abrufdatum: 08.07.2013.

Fisch, N./Kleine, M. (2005): Kriterienkataloge zur Beurteilung von Lernsoftware, Universität Regensburg, Internetquelle: http://www.medpaed.de/dmdocuments/ss05/evaluation_lernumgebung/Handout_Kriterienkataloge.pdf, Abrufdatum: 25.05.2013.

Furnham, A. (1997): The psychology of behavior at work: the individual in the organization, Hove.

Gasmi, T./Schneider, G./von Suchodoletz, D. (2008): Von der Accountverwaltung zum erweiterten Identity Management, GI Jahrestagung (2) 2008, S. 589-595.

Grabs, A./Bannour, K.-P. (2012): Follow me!: erfolgreiches Social Media Marketing mit Facebook, Twitter und Co., korrigierter Nachdruck, Bonn.

Graduate Education Week (2011): Managing Your Scholarly Identity, Internetquelle: http://de.slideshare.net/millerrk/scholarly-identity-tools, Abrufdatum: 09.06.2013.

Golder, S./ Hubermann, B.A. (2006): Usage Patterns of Collaborative tagging Systems, in: Journal of Information Science, 32 (2), S. 198-208.

Gulder, E. (2011): Die Gemeinsame Normdatei (GND), Bayerische Staatsbibliothek München, München 2011, Internetquelle: http://www.kobv.de/fileadmin/download/vortraege/GND-Projekt_Gulder_20110928.pdf, Abrufdatum: 04.07.2013.

Haffner, A. (2012): Internationalisierung der GND durch das Semantic Web, KIM Kompetenzzentrum Interoperable Medien, Deutsche Nationalbibliothek, Frankfurt am Main 2012, Internetquelle: http://www.kim-fo-rum.org/Subsites/kim/SharedDocs/Downloads/DE/Berichte/internationalisierungDerG ndDurchDasSemanticWeb.pdf?__blob=publicationFile, Abrufdatum: 13.08.2013.

Hagenoff, S./Seidenfaden, L./Ortelbach, B./Schumann, M. (2007): Neue Formen der Wissenschaftskommunikation: Eine Fallstudienuntersuchung, Göttinger Schriften zur Internetforschung Band 4, Göttingen.

Helmholtz Gemeinschaft (2012): DINI-/Helmholtz-Workshop zum Thema „Autorenidentifikation am Beispiel von ORCID", Deutsche Initiative für Netzwerkinformation e.V., Göttingen 2012, Internetquelle: http://www.dini.de/veranstaltungen/workshops/autorenidentifikation/, Abrufdatum: 08.07.2013.

Hettler, U. (2010): Social Media Marketing, Marketing mit Blogs, Sozialen Netzwerken und weiteren Anwendungen des Web 2.0, München.

Hoellrigl, T (2011): Informationskonsistenz im föderativen Identitätsmanagement: Modellierung und Mechanismen, Dissertation Universität Karlsruhe, Karlsruhe.

Hoellrigl, T./Maurer, A../Schell, F./Wenske, H./Hartenstein, H (2006): Dienstorientiertes Identitätsmanagement für eine Pervasive Universität, in: Hochberger, C/ Liskowsky, R. (Hrsg.): Informatik 2006 - Informatik für Menschen, Band 1, Beiträge zur 36. Jahrestagung der Gesellschaft für Informatik e.V., Band 93, Dresden, S. 70-74.

Hoellrigl, T./Schell, F./Wenske, H./Hartenstein, H. (2007): Förderatives und dienstorientiertes Identitätsmanagement im universitären Kontext, in: Gaedke, M./Borgeest, R. (Hrsg.): Integriertes Informationsmanagement an Hochschulen: Quo vadis Universität 2.0, Tagungsband zum Workshop IIM 2007, Karlsruhe, S. 75-90.

Hofmann, A. (2013): Mendeley: Der (bis zu) 100 Milionen Exit, in: Gründer Szene, o.O., o.S., Internetquelle: http://www.gruenderszene.de/news/mendeley-elsevier-exit, Abrufdatum: 18.08.2013.

ITU (2013): International Telecommunication Union (ITU): Identity Management Global Standards Initiative (IdM-GSI) der International Telecommunication Union (ITU), Internetquelle: http://www.itu.int/en/ITU-T/gsi/idm/Pages/default.aspx, Abrufdatum: 30.05.2013.

ISBN 077352888. – Introduction to the Handbook of Federal Countries

IWKoeln (o.J.): ResearchGAte – Wissenschaft 2.0, Institut der deutschen Wirtschaft, Köln, o.J., Internetquelle: http://www.iwkoeln.de/de/infodienste/iwd/archiv/beitrag/30145, Abrufdatum: 13.08.2013.

Kincaid, J. (2005): Handbook of Federal Countries. New York.

Koch, M./Richter, A. (2007): Enterprise 2.0: Planung, Einführung und erfolgreicher Einsatz von Social Software in Unternehmen, München.

Laborwelt.de (2013): Gates investiert in ResearchGate, o.O., 2013, Internetquelle: http://www.laborwelt.de/aktuelles/nachrichten/2013-02/gates-investiert-in-researchgate/pos/9.html?sort=desc&cHash=7553ac0f4be90be91f61595a4fe2996e, Abrufdatum: 12.08.2013.

Lugger, B. (2011): Literatur in neuen Systemen: Mendeley und Academic Search, o.O., 2011, Internetquelle: http://www.scilogs.de/blogs/blog/quantensprung/2011-09-14/literatur-in-neuen-systemen-mendeley-und-academic-search, Abrufdatum:08.07.2013.

Lugger, B. (2012): Ein Vergleich für Forscher unter sich: Der Researchgate Score, o.O 2012, Internetquelle: http://www.scilogs.de/blogs/blog/quantensprung/2012-10-09/ein-vergleich-f-r-forscher-unter-sich-der-researchgate-score, Abrufdatum: 08.07.2013.

Lugger, B. (2012 a): Mendeleys Analysetool für Universitäten und Institute, o.O. 2012, Internetquelle: http://www.scilogs.de/blogs/blog/quantensprung/2012-08-07/mendeleys-analysetool-f-r-universit-ten-und-institute, Abrufdatum: 08.07.2013.

Lugger, B: (2012b): Meine ORCID Nummer, o.O., 2012, Internetquelle: http://www.scilogs.de/blogs/blog/quantensprung/2012-11-14/0000-0001-7825-8747-meine-orcid-nummer, Abrufdatum: 19.08.2013.

Mendeley (2013) („Get Mendeley"): Get Mendeley: Its Time to hange the Way we do Research, o.O., 2013, Internetquelle: http://www.mendeley.com/, Abrufdatum: 13.08.2013.

Mendeley (2013) („Research"): Discover Research with Mendeley Web o.O., 2013, Internetquelle: http://www.mendeley.com/#research, Abrufdatum: 12.08.2013.

Mendeley (2013) ("How we help"): How we help?, o.O. 2013, Internetquelle: http://www.mendeley.com/how-we-help/, Abrufdatum: 08.08.2013.

Mendeley (2013) ("Profile"): Profile, o.O., 2013, Internetquelle: http://www.mendeley.com/profiles/jXXXX/edit/, Abrufdatum: 13.08.2013.

Mendeley (2013) (Dashboard"): Mendeley Dashboard, o.O., 2013, Internetquelle: http://www.mendeley.com/, Abrufdatum: 18.08.2013.

Mendeley (2013) („Groups"): Groups, o.O., 2013, Internetquelle: http://www.mendeley.com/groups/, Abrufdatum 12.08.2013.

Mendeley (2013) („E-Mail"): E-Mail zur Bestätigung der Registrierung, August 2013.

Mendeley (2013) („Privacy"): Privacy Policy, o.O., 2013, Internetquelle: http://www.mendeley.com/privacy/, Abrufdatum: 08.08.2013.

Mendeley (2013) ("Search"): Search, o.O., 2013, Internetquelle: https://www.mendeley.com/search/, Abrufdatum: 09.08.2013.

Mendeley (2013) („Papers"): Research Papers, o.O., 2013, Internetquelle: http://www.mendeley.com/research-papers/, Abrufdatum: 09.08.2013.

Mezler-Andelberg, C. (2008): Identity Management – Eine Einführung: Grundlagen, technik, wirtschaftlicher Nutzen, Heidelberg.

Nature Network (2013) („Home"): Nature Network: Collaboration and Productivity, o.O. 2013. Internetquelle: http://network.nature.com/, Abrufdatum: 13.08.2013.

Nature Network (2013) (About"): About Nature Network, o.O., 2013, Internetquelle: http://network.nature.com/site/about, Abrufdatum: 13.08.2013.

Nature Network (2013) ("FAQ"): Getting started and FAQs, o.O., 2013, Internetquelle: http://network.nature.com/site/faq, Abrufdatum: 13.08.2013.

Nature Network (2013) ("New Account"): New Account: Welcome, get started, please register below, o.O., 2013, Internetquelle: http://network.nature.com/register, Abrufdatum: 13.08.2013.

Nature Network (2013) ("Login"): Login, o.O., 2013, Internetquelle: http://network.nature.com/login, Abrufdatum: 13.08.2013.

Nature Network (2013) („E-Mail"): E-Mail zur Bestätigung der Registrierung, August 2013.

Nature Network (2013) ("Profil"): Profil, o.O. 2013, Internetquelle: http://network.nature.com/profile/UF19D4359, Abrufdatum: 13.08.2013.

Nature Network (2013) („Groups"): Groups, o.O., 2013, Internetquelle: http://network.nature.com/groups, Abrufdatum: 13.08.2013.

Nature Network (2013) ("Forums"): Forums, o.O., 2013, Internetquelle: http://network.nature.com/forums, Abrufdatum: 13.08.2013.

Nature Publishing Group (2013) ("Community Guidelines"): Community Guidelines, o.O., 2013, Internetquelle: http://www.nature.com/info/community-guidelines.html, Abrufdatum: 13.08.2013.

Nature Publishing Group (2009) ("Privacy"): Privacy Notice, o.O. 2009, Internetquelle: http://www.nature.com/info/privacy.html, Abrufdatum: 13.08.2013.

Nickel, S. (2004): Desk Research: Marktinformationen erschließen, Internetrecherche, Suchmethodik und Auskunftswerkzeuge, Berlin.

Obrecht, W. (2007): Was ist Wissenschaft? Die naturalistische Sicht des wissenschaftlichen Realismus, Zürcher Hochschule für angewandte Wissenschaften, Zürich.

OCLC (2013) („Public Purpose"): Public Purpose: Furthering access to the world's information and reducing the rate of rise of per-unit costs, Dublin/Ohio, 2013, Internetquelle: http://www.oclc.org/about/purpose.en.html, Abrufdatum: 17.08.2013.

OCLC (2013) ("VIAF Contributors"): VIAF Contributor Institutions, Dublin/OHIO 2013, Internetquelle: http://www.oclc.org/viaf/contributors.en.html, Abrufdatum: 19.08.2013.

OCLC (2013) ("How to become a Conributor"); How to become a Contributor, Dublin/Ohio 2013, Internetquelle: http://www.oclc.org/viaf/participate.en.html, Abrufdatum: 19.08.2013.

OLCL (2013) ("Privacy Policy"): Privacy Policy: Respecting your rights while staying in touch, Dublin/Ohio 2013, Internetquelle:
http://www.oclc.org/policies/privacy.en.html/, Abrufdatum: 19.08.2013.

ORCID (2013) ("Start"): Distinguish Yourself in three easy Steps, o.O., 2013, Internetquelle: http://orcid.org/, Abrufdatum: 12.08.2013.

ORCID (2013) ("Community"): ORDIC Community, o.O, 2013, Internetquelle:
http://orcid.org/about/community, Abrufdatum: 12.08.2013.

ORCID (2013) ("Statistics"): ORCID Statistics, o.O., 2013, Internetquelle:
https://orcid.org/statistics, Abrufdatum: 12.08.2013.

ORCID (2013) ("Contact"): Contact us, o.O., 2013, Internetquelle:
http://orcid.org/help/contact-us, Abrufdatum: 12.08.2013.

ORCID (2013) ("What is ORCID"): What is ORCID?, o.O., 2013, Internetquelle:
http://orcid.org/content/initiative, Abrufdatum: 12.08.2013.

ORCID (2013) ("Our Mission"): Our Mission, o.O., 2013, Internetquelle:
http://orcid.org/content/mission-statement, Abrufdatum: 12.08.2013.

ORCID (2013) ("My ORCID"): My ORCID Record, oO., 2013, Internetquelle:
https://orcid.org/my-orcid, Abrufdatum: 12.08.2013.

ORCID (2013) ("Profil"): ORCID-Profil, o.O., 2013, Internetquelle:
http://orcid.org/XXXX-XXXX-XXXX-XXXX, Abrufdatum; 12.08.2013.

ORCID (2013) ("Import Works"): Import Works, o.O., 2013, Internetquelle:
https://orcid.org/my-orcid#third-parties, Abrufdatum: 12.08.2013.

ORCID (2013) ("Privacy"): Privacy Policy, o.O. 2013, Internetquelle: http://orcid.org/privacy-policy, Abrufdatum: 12.08.2013.

ORCID (2013) ("Search"): Search, o.o., 2013, Internetquelle: http://orcid.org/search/node/, Abrufdatum: 12.08.2013.

ORCID (2013) („E-Mail"): E-Mail zur Bestätigung der Registrierung, August 2013.

Pato, J./Rouault, J. (2007): HP Whitepaper: Identity Management -The drive to federation 2007.

Patzelt, W. (1997). Einführung in die Politikwissenschaft, Passau.

Prommer, E./Brücks, A./Mehnert, J./Neumann, H./Räder, A./Roßland, F. (2009): Forschungsbericht „Real Life Extension" in webbasierten sozialen Netzwerken: Studie zur Selbstpräsentation von Studierenden in studiVZ, Hochschule für Film und Fernsehen, Potsdam, Internetquelle: http://www.mediaculture-onli-ne.de/fileadmin/bibliothek/prommer_selbstpraesentation/Medienwiss_Forschungsbericht_studivz.pdf, Abrufdatum: 04.07.2013.

Renken, U./Bullinger, A. (2011): IT-basierte interaktive Forschung – über die Verwendung von Social Software in der Forschung, in: Jeschke, S./Isenhardt, I./Hees, F./Trantow, S. (Hrsg.): Enabling Innovation, Heidelberg, S. 495-505.

RePEc (o.J.): General Principles, o.O., o.J., Internetquelle: http://repec.org/, Abrufdatum: 05.07.2013.

RePEc Author Service (o.J.) ("The Service"): The Service, o.O., o.J.., Internetquelle: https://authors.repec.org/about, Abrufdatum: 05.07.2013.

RePEc Author Service (o.J.) ("News"): News, o.O., o.J., Internetquelle: https://authors.repec.org/, Abrufdatum: 12.08.2013.

RePEC Author Service (o.J. ("Introduce yourself"): Registration Schritt eins: Introduce Yourself, o.O, o.J., Internetquelle: https://authors.repec.org/new-user, Abrufdatum: 12.08.2013.

RePEC Author Service (o.J.) ("Names"): Registration Schritt zwei: Names, o.O, o.J., Internetquelle: https://authors.repec.org/names , Abrufdatum: 12.08.2013.

RePEc Author Service (o.J.) ("Affiliations"): Registration Schritt drei: Affiliations, o.O., o.J., Internetquelle: https://authors.repec.org/affiliations!68c93a4c, Abrufdatum: 12.08.2013.

RePEc Author Service (o.J.) ("Research Profile"): Registration Schritt vier: Research/Automatic Search, o.O., o.J., Internetquelle: https://authors.repec.org/research!68c93a4c, Abrufdatum: 12.08.2013.

RePEc Autor Service (o.J.) ("Confirm"): Registration Schritt fünf: Confirmation E-Mail, o.O., o.J., Internetquelle: https://authors.repec.org/new-user/complete!68c93a4c, Abrufdatum: 12.08.2013.

RePEc Author Service (o.J.) ("Ready"): Registration Schritt sechs: "Ready", o.O., o.J. Internetquelle: https://authors.repec.org/confirm!9f9bea99, Abrufdatum: 12.08.2013.

RePEc Author Service (o.J.) ("Profile"): Exemplarisches Autorenprofil, o.O., o.J., Internetquelle: https://authors.repec.org/menu!f51c9aaf, Abrufdatum: 12.08.2013.

RePEc Author Service (o.J.) ("Privacy Policy): Privacy Policy, o.O., o.J., Internetquelle: https://authors.repec.org/privacy-policy, Abrufdatum: 13.08.2013.

RePEc Author Service (2013) („E-Mail"): E-Mail zur Bestätigung der Registrierung, August 2013, o.O.

ResearchGate (o.J.) („Professionelles Netzwerk"): Professionelles Netzwerk für Wissenschaftler, o.O., o.J., Internetquelle: https://www.uni-hamburg.de/career-center/nachwuchswissenschaftler/karriere/weitere/researchgate.pdf, Abrufdatum: 12.08.2013.

ResearchGate (2013) ("About us"): About us, o.O., 2013, Internetquelle: http://www.researchgate.net/aboutus.AboutUs.html, Abrufdatum: 19.08.2013.

ResearchGate (2013) ("ResearchGate"): ResearchGate Startseite, o.O., 2013, Internetquelle: http://www.researchgate.net/, Abrufdatum: 13.08.2013.

ResearchGate (2013) ("sign up"): Sign up, o.O., 2013, Internetquelle: https://www.researchgate.net/signup.SignUpAccountName.html?dbw=true, Abrufdatum: 14.08.2013.

ResearchGate (2013) ("Login"): Login, o.O., 2013, Internetquelle: https://www.researchgate.net/application.Login.html, Abrufdatum: 12.08.2013.

ResearchGate (2013) ("Profile"): Profile, o.O., 2013, Internetquelle: https://www.researchgate.net/profile/XXXXXX/info/?ev=prf_info, Abrufdatum: 12.08.2013.

ResearchGate (2013) ("Privacy"). Privacy Policy, o.O., 2013, Internetquelle: http://www.researchgate.net/application.PrivacyPolicy.html, Abrufdatum: 12.08.2013.

Rotenberg, E./Pillifant, T./Webster, B. (2012): Scholarly Identity at Thompson/Reuters, CNI Scholarly Identity Workshop, 4. April, Baltimore, Internetquelle: http://www.cni.org/events/the-management-of-scholarly-identity-a-cni-workshop/management-of-scholarly-identity-presentations/, Abrufdatum: 09.05.2013.

Ruhr Universität Bochum (2013): Mendeley- Literaturverwaltung und Soziales Netzwerks, Bochum 2013, Internetquelle: http://www.ub.ruhr-uni-bochum.de/informationen/mendeley.html, Abrufdatum: 12.08.2013.

Shillum, C. (2012): Orcid Update, CNI Scholarly Identtity Workshop, 4. April, Baltimore, Internetquelle: http://www.cni.org/events/the-management-of-scholarly-identity-a-cni-workshop/management-of-scholarly-identity-presentations/, Abrufdatum:09.05.2013.

Stanoveska-Slabeva, K. (2008): Web 2.0 – Grundlagen, Auswirkungen und zukünftige Trends, in. Meckel, M./Stanoevska-Slabeva, K. (Hrsg.): Web 2.0 – Die nächste Generation Internet, Band 1, Baden-Baden, S. 13-39.

Steinbrecher, S./Pfitzmann, A./Clauß, S. (2010): Identitätsmanagement in Netzwerken, in: Klumpp, D./Kubicek, H./Roßnagel, A./Schulz, W. (Hrsg.): Netzwelt - Wege, Werte, Wandel, Berlin/Heidelberg.

Tsolkas, A./Schmidt, K. (2010): Rollen und Berechtigungskonzepte: Ansätze für das Identity- und Access Management im Unternehmen, Wiesbaden.

Vogel, A. (2010): Identitätsmanagement in einem Hochschulinstitut, Praxisprojekt Fachhochschule Köln 2010.

VIAF (o.J.) („Suchen"): Virtual International Authority File: Suchen, o.O., o.J., Internetquelle: http://viaf.org/, Abrufdatum: 19.08.2013.

VIAF (o.J.) ("Max Frisch"): Max Frisch, o.O., o.J, Internetquelle: |
http://viaf.org/viaf/search?query=local.names+all+%22Max%20Frisch%22&styleshee
t=/viaf/xsl/results.xsl&sortKeys=holdingscount&maximumRecords=100, Abrufdatum:
12.08.2013.

VIAF (o.J.) („Michael E. Porter"): Michael E. Porter, o.O., o.J., Internetquelle:
http://viaf.org/viaf/search?query=local.names+all+%22Michael%20E.%20Porter%201
947%20%22&stylesheet=/viaf/xsl/results.xsl&sortKeys=holdingscount&maximumRec
ords=100, Abrufdatum: 12.0ß8.2013.

Wallach, H. (2009): Wissenschaftstheorie, philosophische Grundlagen und Geschich-
te, 2., aktualisierte Auflage, Stuttgart.

Weiland, J.B. (2008): Research Papers in Economics: RePEc – ein fachliches Repo-
sitory, ZBW – Deutsche Zentralbibliothek für Wirtschaftswissenschaften, Berlin 2008,
Internetquelle: http://www.iuk-initiative.org/iuk2008/Repec_luK_Berlin_08_09_26.pdf,
Abrufdatum: 04.07.2013.